Lb 51/1235

LE PASSÉ

ET

LE PRÉSENT.

PARIS IMPRIMERIE DE DUCESSOIS,
QUAI DES AUGUSTINS, 55

LE PASSÉ

ET

LE PRÉSENT

PAR M. R.

AVOCAT A LA COUR ROYALE

PARIS.

LOUIS JANET, LIBRAIRE - ÉDITEUR,

RUE SAINT-JACQUES, 59

1832

LE PASSÉ

ET

LE PRÉSENT.

Pourquoi sommes nous retombés en révolution ? Où allons-nous ? Que deviendrons nous ?

Il n'y a pas d'hommes accoutumés à raisonner, qui, depuis les journées de juillet 1830, et même pendant les deux années qui ont précédé cette époque, n'aient fait ces tristes réflexions. Chacun interroge son jugement, se fait un système, et, pour le réaliser, il s'élance dans l'avenir, sur l'aile d'une imagination plus ou moins ardente. Les uns veulent créer des théories, sans s'embarrasser de ce qu'elles produiront quand elles seront mises en pratique. Ils oublient qu'il y a autant de différence entre une conception et son exécution, qu'on peut se figurer qu'il en existe entre une pensée désintéressée, et les actions de plusieurs millions d'hommes, poussés dans tous les sens contraires, par leurs intérêts compliqués et par leurs passions. D'autres ne voient plus rien de stable qu'on puisse asseoir en France. En raison de la mobilité de nos opinions, ils pensent que nous sommes condamnés pour des siècles, à tourner sans cesse comme la fée Stigilline. Ceux-ci, dont la perspicacité est encore plus morose, imaginent que nous sommes arrivés à ce point de civilisation où elle se dissout, pour replonger les peuples dans la barbarie, jusqu'à ce que de longs malheurs, une nouvelle combinaison d'événemens, leur fassent remonter l'échelle d'une civilisation nouvelle.

Ces opinions diverses peuvent être plus ou moins solidement défendues les argumens ne manquent à aucun des raisonneurs, l'histoire ancienne, l'histoire moderne, celle de la France *particulièrement*, et nos successives révolutions, donnent des exemples que l'on peut appliquer à son gré.

Si ces opinions n'étaient que méditatives comme celles qui tombent et se modifient dans certains cerveaux creux, qui ont besoin de produire dans le vague des illusions, on n'y verrait que des romans sur les différens gouvernemens, ainsi que tant d'écrivains en ont faits, pour amuser les heureux oisifs qui les approuvaient, en se disant. Tout cela est très bien, pourvu que je reçoive toujours mes revenus et mes rentes, qu'on respecté ma charge que j'ai bien payée. Mais aujourd'hui, ces spéculations sont en quelques façons personnifiées, on ne s'y abandonne pas pour les produire et pour prouver qu'on écrit, qu'on a des idées, mais pour chercher une règle de conduite, et essayer de connaître quel sera son avenir. C'est une inquiétude réelle qui tourmente les esprits, au milieu du malaise général que toutes les classes de la société éprouvent. Quant à ceux qui n'ont pas le temps de réfléchir, mais qui sentent seulement qu'ils souffrent, ils cherchent au milieu du bruit, de l'action, et des émeutes un changement, sans calculer quel il pourra être. Un malade dans son lit, a toujours besoin de se retourner, pour un rêveur qui voit l'avenir en beau, il y en a mille qui n'aperçoivent que des nuages à l'horizon, gros de tempêtes et de malheurs.

Nous, qui avons dit bien souvent aussi : Où allons nous ? Que deviendrons nous ? nous pensons que l'art de prédire se compose de la comparaison plus ou moins bien faite du passé, du présent, avec ce qui doit arriver. Les temps sont enchaînés comme les événemens, et tel qui pense que les événemens futurs lui sont révélés par une voix intuitive, qu'il appelle ses pressentimens, ne fait que cette comparaison qui agit sur son esprit, sans qu'il s'en aperçoive.

Examinons donc ce que nous avons été, et ce que nous sommes, pour chercher à connaître ce que nous pourrons devenir.

Mais le temps présent a des limites étroites ; le passé, au contraire, s'enfonce dans les siècles écoulés. De quel point partirons nous pour interroger ce passé ? A mesure que vous fixez une époque, vous comprenez que les événemens qui la composent ont été préparés dans les temps antérieurs, et vous êtes obligé de remonter encore. En se laissant ainsi entraîner, en recherchant les causes des troubles, des séditions, des guerres civiles que nous avons éprouvés, on remonterait jusqu'au quatorzième siècle. Si l'on recherchait comment nos anciennes institutions, qui formaient une véritable constitution en France, ont résisté à de si violentes commotions, on ferait un gros volume.

Tranchons, et arrivons de suite à ce qui est très près du temps où nous vivons, à l'époque de la naissance de cette philosophie voltairienne qui, comme une mode, a passé des classes élevées aux classes inférieures, et qui consistait à réduire toute morale à des idées positives, à déblatérer contre la religion, qu'on regardait comme un préjugé, contre les prêtres, qu'on présentait au peuple comme des fainéans richement rentés pour prêcher l'imposture et le charlatanisme, à attaquer toutes les institutions sociales comme le produit de l'ignorance des siècles. Ce qu'il y eut de plus étonnant, c'est que les nobles et les privilégiés ont été les premiers et les plus ardens sectateurs de ces idées nouvelles. Qu'ils étaient loin de prévoir qu'ils en seraient aussi les premières victimes ! Mais il fallait penser comme tout le monde. Tel affichait l'impiété, la haine des rois et des prêtres, parce que, autrement, il eût passé pour un sot honnête homme. Toute vertu n'était qu'un sentiment bourgeois. Les bourgeois et le peuple se sont ensuite lassés d'être ridiculement vertueux, et ils se sont chargés de faire l'application des nouvelles théories contre ceux qui les leur avaient apprises. Voltaire, dans les ouvrages qu'il publiait, a prétendu que les opinions qu'il professait, ne seraient jamais dangereuses, parce qu'elles ne descendraient point dans les classes inférieures. Il mentait, et savait bien qu'il détruisait sa nation, car, dans sa correspondance avec ses intimes affidés, il disait *Nos neveux verront un beau train.* Et nous sommes ces malheureux neveux qu'il a sciemment sacrifiés au désir de se faire une réputation européenne.

Si le grand Frédéric, qui eut la faiblesse d'esprit de passer pour un philosophe, un homme de génie et un grand écrivain, eût vécu pendant notre dernière révolution, certainement il nous eût fait la guerre, et, dans un manifeste (car il faisait précéder ses coups de canon d'un pamphlet), il n'eût pas manqué de nous dire qu'il n'avait adopté les opinions de la nouvelle philosophie, que pour affaiblir la France, la priver de l'influence qu'elle devait posséder en Europe, se ménager des intelligences et des espions dans le pays, et surtout à la cour, mais qu'il avait suffisamment démontré qu'il était loin de penser qu'il fût raisonnable de les mettre en pratique, puisqu'il avait annoncé que, s'il voulait punir une de ses provinces, il la donnerait à gouverner à des philosophes. Cette province eût eu, comme nous, une douzaine de constitutions en quarante ans seulement!

Cette doctrine philosophique a produit ses fruits, et la révolution de 1789 a éclaté.

Dans la nuit du 4 août, les principales institutions qui constituaient la France, ont été détruites. Les nobles ont déposé sur l'autel de la patrie, leurs titres, ils ont fait l'abandon de tous leurs priviléges. Les parlemens, l'ordre judiciaire, le clergé, les maîtrises, tout ce qui enfin avait été successivement établi, a été anéanti par de simples décrets rendus à une pluralité irréfléchie et toujours entraînée par l'enthousiasme. L'Assemblée constituante s'est enivrée des succès qu'elle obtenait dans toutes ses entreprises. Pourtant, quels étaient ils? Pour abattre les plus beaux monumens, il suffit de la main des manœuvres; ce sont les architectes, s'ils ont du génie, qui en reconstruisent de solides que les siècles admirent. De ces ruines, de ces débris amoncelés, s'est élevé une épaisse poussière qui a bientôt aveuglé ces législateurs, ils ne retrouvaient même plus leur terrain. Une fermentation provenant de tant de matières tombées en dissolution, les menaçant d'une asphyxie prochaine, ils s'enfuirent en laissant seulement un trône affaibli, déshonoré, sans base, sans fondement. L'Assemblée législative l'a poussé, il est tombé au 10 août 1792, et la Convention a paru elle a assassiné le roi et décidé, par assis et levé, que la France était une république.

Quelle que fût la forme du gouvernement adopté, il fallait gouverner. Elle réunit tous les pouvoirs et saisit la dictature. Mais elle comprit bientôt que si tant de mains réunies touchaient au gouvernail, le vaisseau serait englouti. Elle délégua tous les pouvoirs qu'elle avait usurpés aux comités de sûreté générale et de salut public, au dessus des membres de ces comités se plaça une tête ce fut Robespierre, le plus farouche de tous les tyrans qui aient pesé sur la terre Son unique moyen fut de mettre la terreur à l'ordre du jour, et la France fut couverte de prisons et d'échafauds. Le sang ruisselait partout, la Convention avait à combattre deux horribles fléaux, la guerre et la famine : elle décréta la réquisition et le maximum. La démence et la fureur furent poussées si loin, que l'on examina sérieusement si la France n'était pas trop peuplée, pour rester en république, s'il ne conviendrait pas de faire des déserts de toutes ses frontières, si quinze millions d'habitans ne suffiraient pas à la population · c'étaient par conséquent dix sept millions d'individus qu'il fallait tuer. Barrère, comme moyen de finance, disait que la république *battait monnaie sur la place de la Révolution,* et dans un de ses rapports sur la famine, il a prononcé cette phrase *Quelques onces d'une substance nourricière suffisent par jour à des républicains.* Ces terribles conventionnels, mis eux mêmes *en coupes réglées,* étaient obligés, non seulement d'entendre ces rapports qu'on appellait des sans culottides, mais d'y applaudir. Et cette *substance nourricière,* était un pain affreux, composé d'avoine, de vieilles féves et de pois avariés. Il ferait beau réduire aujourd'hui à un pareil régime, nos industriels révolutionnaires, si riches depuis la restauration, depuis si long temps bercés dans le luxe des Sybarites! Et comme s'il avait fallu prouver que tout ce qu'il y a de plus monstrueux peut toucher par un point à ce qu'il y a de plus ridicule, Robespierre fit condamner Hébert, dit *le Père Duchesne*, l'un de ses anciens agens, par le tribunal révolutionnaire, comme coupable d'être *ultrà révolutionnaire*. c'est la première fois qu'on appliqua ainsi ce mot *ultrà*. Mais ceux qui conservaient chèrement la mémoire de ces bons temps, l'ont rétorqué, pendant la restauration, contre les royalistes qui, nouveaux Cassandres, prédisaient les événemens de juillet 1830, et ne trouvaient personne qui voulût les croire, surtout parmi tous les ministres de la restauration.

Ceux qui se sont le plus effrayés de la révolution de juillet, de ses conséquences et de ce qu'on a appelé le programme de l'Hôtel de Ville, qui ont vu l'esprit de propagande qui, surtout dans les premiers momens, paraissait être celui de cette révolution; ceux que les émeutes continuelles, qui agitent la population de Paris, font toujours trembler, qui ont entendu ces cris de mort, proférés par la populace, contre les gens riches obligés de fuir le sol brûlant de la capitale, ceux qui comptent les nombreux départemens tourmentés par l'esprit révolutionnaire, qui entrevoient, en frissonnant, ces arbres de la liberté plantés par des hommes qui profèrent les mêmes accens qui annonçaient les meurtres et le pillage, qui savent que la religion, sur plusieurs points de la France, est persécutée par une minorité qui n'est forte que, parce qu'elle est audacieuse et dévastatrice, ceux qui calculent que rien ne s'établit et ne se consolide; qui ne peuvent prendre confiance dans ces assurances données ou ces promesses faites à la tribune, quand ils ont entendu tant de fois, après un événement accompli, que les ardens prôneurs d'un système, venaient hardiment soutenir un système entièrement opposé; qui ont trop appris que les ambitieux qui méditent des projets, ont un langage quand ils sont faibles, mais qu'ils en changent bientôt quand, devenus les plus forts, ils peuvent être francs, qui se rappellent que le régime des phrases a précédé celui de la destruction, qui voient certains écrivains exhumer les souvenirs de la terreur, non pour les livrer à l'exécration, comme nous le faisons, mais pour les indiquer comme des moyens de salut, tous ces hommes croient que la révolution de 1789 va reprendre son cours, que le régime de la terreur en sera une conséquence presque rigoureuse; ils disent : Voilà encore des usufruitiers qui détruisent et ne réparent rien. Fuiront-ils comme les premiers constituans en nous abandonnant à des monstres nouveaux? Rassurons ces âmes trop timides, et prouvons-leur que le retour de cette terreur de 1794 est impossible.

Il y a des combinaisons d'événemens qui peuvent se représenter, parce que les élémens qui les ont composées une première fois existent encore. On a pu détrôner Charles X et comme l'a dit M. de Châteaubriand, balayer du sol de la France trois générations de rois, parce que la restauration n'avait pas fondé le trône légitime par des institutions qui lui fussent propres. Napoléon, comme un gendarme, a saisi la révolution au collet, l'a renversée et lui a marché sur le ventre. Les ministres de la restauration, effrayés du parti bonapartiste, qu'il était pourtant si facile de rattacher à la royauté légitime, n'ont su que tendre la main à la révolution pour l'opposer à ce parti. Ils l'ont trouvé gisante sur le sol, ils l'ont relevée, choyée, réchauffée, et le serpent a tué ses bienfaiteurs.

Mais tout ce qui a constitué la terreur n'existe plus et ne peut plus renaître.

1° Elle ne s'est établie que progressivement, et chacun s'enfermant dans le cercle étroit de son intérêt personnel, voyait qui elle menaçait, mais ne pouvait prévoir que ses horribles excès l'atteindraient, et qu'on en viendrait à assassiner pour les dépouiller, les suspects et ceux qui étaient suspects de devenir suspects. Mais aujourd'hui le premier acte qui tendrait à nous conduire à ce monstrueux régime, effraierait toutes les imaginations, soulèverait toute la population et armerait tous les bras. Une faible atteinte à la liberté de la presse met seule le trône de Louis-Philippe en poudre, car le premier article du traité qui l'a fait roi, c'est qu'il sera l'Hercule qui supportera cette liberté tout entière.

2° Pour maintenir cette terreur pendant un espace de temps assez court, il a fallu armer les deux tiers de la population contre un seul tiers, et nourrir, sur tout le sol de la France, à raison de 2 fr. par jour, les tricotteuses et les clubistes, ne demander à personne ni contributions ni impôts directs ou indirects, aussi la Convention en deux ans et demi, a mangé 44 milliards en papier, a dévoré toutes les propriétés mobilières et immobilières, et a fini par une double banqueroute envers les rentiers de l'état et les porteurs de son papier. Établissez aujourd'hui un papier-monnaie, et demain vous ne trouverez pas à acheter un pain de quatre livres avec un million en valeur de cette paperasse.

3° Ceux qui tiennent aujourd'hui le timon de l'état, et ceux qui les assistent, quelqu'opinion qu'ils professent, devinssent ils même les partisans de cette terreur, seraient les premiers dévorés par elle. Les Girondins, les députés de la Montagne, ceux du centre, qu'on nommait *le Marais*, les nobles, les prêtres, les savans, les journalistes, les riches, les pauvres, les ardens, les tièdes, tous ont fourni des têtes à cet ogre infernal qui, chaque jour plus avide, en demandait toujours davantage. M. de Lafayette, le héros des Deux Mondes, s'il n'eût déserté son armée et fui à temps le sol de la France, pour aller languir pendant de longues années prisonnier dans une forteresse d'Allemagne, eût, sur la place de la Révolution et sous la hache d'un bourreau républicain, déposé sa tête. Cette garde nationale, qui était son ouvrage et qui l'avait porté en triomphe, l'eût conduit au supplice, (1) comme on y a traîné Bailly et le prince Égalité, père du roi des Français, le crime qu'on imputait à ce dernier était d'avoir fait tomber la tête de son roi pour se saisir de sa couronne. Cette pensée était de Manuel, procureur général de la commune, qui a aussi été assassiné par cette terreur. O popularité! vaine, fougeuse, inconstante, frivole et capricieuse déesse! ton trône est établi sur une girouette. Cromwell et Bonaparte sont les deux seuls hommes qui t'aient appréciée à une juste valeur. Le désir d'obtenir cette popularité a porté Charles X à émanciper entièrement les journaux, lors de son avénement au trône, et cette concession est une de celles qui lui ont coûté sa couronne.

4° Nous voyons que ceux qui se sont aujourd'hui emparé du gouvernement, ont la mémoire affectée de ce passé qui est encore si près de nous. Ils n'osent pas s'élever en pleine mer, ils naviguent sans perdre de vue le port et nous pensons que s'il s'élevait une trop forte tempête, ils s'empresseraient d'y rentrer à pleines voiles.

(1) S'il faut en croire le récit de M. de Montgaillard, aux yeux de Pichegru, M. de Lafayette, comme Dumouriez, aurait, dans le temps, travaillé à la restauration des Bourbons en France, car ce Pichegru répond t a M de Montgaillard, qui lui faisait des propositions au nom du prince de Condé. *Je ne ferai rien d'incomplet; je ne veux pas être le troisieme tome de Lafayette et Dumouriez* Si le général Lafayette a réellement eu l'intention de ramener les Bourbons des 1794, en le voyant agir aux journées de juillet 1830, on a pu dire de lui *quantum mutatus ab illo* Mais comme ce n'est qu'un ouï-dire de M. de Montgallard, qui ne rapporte qu'une opinion du général Pichegru, le général Lafayette peut démentir ce qui sera aujourd'hui injurieux pour lui, mais dont il eût pu se glorifier il y a seulement quinze ou dix-huit mois, sans faire tort à ses opinions libérales.

Cela prouve, qu'après un peu de temps en révolution, on désavoue ses opinions Combien de fougueux orateurs devraient ne pas oublier ce proverbe *Trop parler nuit*, et réfléchir que, dans quelques années, quelques mois, peut être, ils regretteront amèrement le triomphe d'un jour, que tel de leurs discours leur procure aujourd'hui

5° Il faut aussi convenir que les commencemens de la revolution de juillet n'ont présenté aucun des caractères de cruauté qui ont marqué les premiers momens de celle de 1789. Qu'on se soit applaudi, pendant les deux premières années de celle-ci, de ce qu'elle ne coûtait pas une grande effusion de sang, on n'oubliait pourtant pas les massacres de MM. Delaunay et Berthier, et que dans les provinces on brûlait les châteaux des nobles. Au lieu que, lors des événemens de juillet 1830, on s'est battu dans Paris; mais, le combat terminé, il n'y a plus eu d'assassinats. Qu'on ait déplacé un grand nombre de fonctionnaires, cela n'a produit que des mécontens qui se réunissent aujourd'hui à ceux qui espéraient arriver et qui sont venus trop tard. Mais enfin on n'en meurt pas pour perdre son emploi, à moins que ce ne soit de faim. Loin qu'on ait ressuscité cette ancienne et exécrable maxime : *Il n'y a que les morts qui ne reviennent point*, on a voulu abolir en France la peine de mort pour tous les crimes.

6° La terreur ne peut s'établir, tant que les partis différens qui existent actuellement, jouiront de la liberté de la presse. C'est une conquête de juillet qui appartient à tous indistinctement, même *aux légitimistes*. Ces derniers, sans doute, importunent les gouvernans, par les vérités dures et âpres qu'ils exposent constamment, par la comparaison qu'ils font des temps antérieurs avec le temps actuel, par l'embarras où l'on se trouve de répondre à cette question qu'ils adressent tous les jours aux meneurs des grandes journées *Quel bien ont-elles fait au peuple?* On sent qu'ils finiront par rallier l'opinion publique qui, déjà reproche à ces meneurs de n'avoir agi que pour eux (1) Avec une loi d'exception, on les pourrait faire taire ! Mais le moyen ! Ce serait se couvrir d'un ridicule ineffaçable aux yeux de la France, de l'Europe, du

---

(1) Si la voix du peuple est la voix de Dieu, qu'ils écoutent donc ce peuple qui, dans son langage impoli, leur chante si souvent.

Pour la nation
Faites donc une révolution

monde entier! On aurait fait une révolution pour conserver aux journaux libéraux la faculté d'émettre leurs opinions, et à peine ceux de ce parti ont-ils saisi le pouvoir, qu'ils bâillonneraient leurs adversaires. Mais ces libéraux comprennent que ces lois d'exception, employées d'abord contre les légitimistes, tourneraient bientôt contre eux mêmes. Déjà ne leur a t on pas intenté autant de procès qu'à ces légitimistes Les gouvernans les épargneront d'autant moins, qu'ils parlent plus directement à l'opinion du peuple. Ils sont, à l'égard du gouvernement actuel, ce qu'étaient les royalistes à l'égard de la restauration. Ils accusent les parvenus d'être ingrats et de s'être servi du peuple comme d'une escabelle, qu'ils ont repoussé d'un pied dédaigneux alors qu'ils ont pu s'élancer sans danger.

Le peuple français, après ce qu'il a fait aux journées de juillet, ce qu'il a proclamé devant tous les peuples de l'Europe, s'il acceptait une loi restrictive de la liberté de la presse, ou une loi d'exception qui ne serait que le commencement d'une terreur, deviendrait le peuple le plus méprisé comme le plus méprisable. Il mériterait de supporter cette terreur, et le bâillon qui l'empêcherait de parler ! Mais il a de l'honneur, et il sent encore circuler et bouillonner le sang dans ses veines.

Concluons de tout ceci, qu'on ne veut pas recommencer la terreur, que, le voulût on, on ne le pourrait pas Les hommes même de cet épouvantable régime n'existent plus. L'un est tombé sous le poignard de Charlotte Corday ; les complices de la femme *Amarante* faillirent les exterminer. Les femmes alors avaient une énergie qui effraiera dans l'histoire ! Enfin le tranchant révolutionnaire les a fauchés sur la place où l'on immola Louis XVI. Combien d'entre eux ont subi un supplice plus rigoureux, celui d'un long et déchirant remords (1)! S'il y a encore aujourd'hui quelques membres des comités ré

---

(1) Quant à ces républicains imberbes, ces Brutus de vingt ans, vous les guérirez avec une dose d'ellébore

volutionnaires que la terre n'ait pas enfouis, et qui recommenceraient volontiers leur ancien métier, ces voltigeurs de la guillotine sont plus décrépits que ceux de Louis XIV.

Cette Convention en partant, mutilée de plus d'un tiers des membres qui la composaient originairement, nous a laissé la constitution de l'an III et le Directoire.

On a dit que les temps passés sous ce gouvernement faible et ridicule ont été les saturnales de la révolution. On les eût peut-être mieux qualifiés, si l'on eût dit que ce fut une longue mascarade. En effet, on a pu croire que tout le génie de ces législateurs qui ont composé la constitution de l'an III, a consisté à dessiner les habits à peu près semblables à ceux des charlatans dont ils ont affublé les cinq directeurs, et à tailler les toques et les manteaux des membres des conseils des Anciens et des Cinq Cents. La France, plongée dans la misère, le chaos et l'anarchie, a vu briller quelques fortunes aussi scandaleuses que rapidement faites, comme après le système de Law. Ce fut la parcelle de siècle des fournisseurs leur luxe immodéré était d'autant plus insultant, que tant de familles, dans toutes les classes anciennement riches, étaient réduites à l'indigence. Tout alors était Grec. Beaucoup de femmes se promenaient à Paris plus légèrement vêtues que les Lacédémoniennes · elles portaient des bagues aux doigts de leurs pieds nus, chaussés de sandales Ce ne sont que des ridicules. Passons. Ce gouvernement a vécu quelque temps soutenu par les premières victoires de Bonaparte en Italie. Pendant la campagne aventureuse de ce général en Égypte, tout penchait vers une ruine certaine et instantanée. Il fallait que le pouvoir tombât dans la main d'un seul; le Français, qui aime à peindre par des images, disait · *La république va s'appointir.* Bonaparte à Paris. Il a fait sans peine le 18 brumaire, et il est resté maître.

Ici s'ouvre une époque qui touche aux temps actuels, et qui, se confondant avec la restauration du trône légitime, a besoin d'être observée.

On a dit que Napoléon, du moment qu'il fut général de l'armée d'Italie, a dirigé toutes ses pensées et toutes ses actions vers ce but unique, de monter sur le trône de France ; qu'il ait été dans tous les temps, agité d'une grande ambition, nous le croyons, mais, dès 1795 ou 1796, il ne pouvait pas avoir cette idée fixe. Il a profité avec hardiesse de tous les événemens nul homme, plus que lui, n'a su aller jusqu'au bout de chaque circonstance. Le 18 brumaire l'a mis à la tête du gouvernement consulaire mais à quatre heures après midi, à l'instant où la bataille de Marengo paraissait perdue, était-il même certain de conserver un grade dans l'armée ? Une heure après, la fortune a changé, cette bataille est gagnée · l'Allemagne souscrit un traité dont le jeune vainqueur a dicté les articles. Il rentre triomphant à Paris, et le premier titre fastueux dont on le décore, est celui de grand pacificateur de l'Europe. Avec sa constitution de l'an VIII, appuyé sur deux collègues qui avaient consenti à n'être que ses agens très secondaires, pesant le pouvoir qui était tombé dans ses mains, et reconnaissant qu'il y était tout entier, pour qu'il le gardât, il ne lui fallait plus que le manteau impérial. Il dut marcher progressivement, nommé consul pour dix ans, il se fit conférer cette dignité à vie · un pas encore, et il était souverain. Mais montera-t-il sur un trône vacillant, dont les fondemens s'enfoncent dans un sable mouvant, comme était celui que l'Assemblée constituante avait laissé à Louis XVI ? Les hommes que Bonaparte avait choisis pour le diriger, étaient trop habiles pour ne pas consulter le passé, et le faire contribuer à l'avantage du présent Ce fut peut être le talent le plus vrai de Napoléon d'avoir su habilement choisir les hommes qu'il employait et de les maintenir toujours sur la trace qu'il indiquait, sans qu'ils pussent en dévier. il concevait, les autres pensaient les détails. On comprit facilement deux vérités, que le moment où l'on se trouvait rendait manifestes la première, qu'un trône est une sommité surmontant un édifice, qui doit, par sa base, s'attacher au sol, que cette éminence doit s'élever progressivement, et, comme tout tertre se compose de couches superposées, un trône doit être établi sur des rangs qui, par une échelle hiérarchique descendent jusqu'au peuple, qui est le sol, on construit les fondemens d'un édifice ayant ses chapiteaux : ce sont donc les rangs inférieurs comme formant de larges bases, qu'il dût constituer d'abord, pour en élever d'autres au-dessus, et progressivement.

La seconde, c'est qu'en révolution, tout dépositaire du pouvoir ne peut le garder s'il n'a un parti puissant et capable de comprimer tous ses concurrens. Nous allons voir que ces deux premières données ont été parfaitement remplies par Bonaparte, premier consul.

L'Assemblée constituante avait détruit les rangs, la noblesse, le clergé, l'ordre judiciaire, les charges et toutes les institutions, la Convention avait été plus loin encore. promenant le niveau de l'égalité partout, elle avait pulvérisé quelques éminences qui semblaient avoir échappé. La surface politique de la France ressemblait à ces vastes plaines de sable des déserts, le vent l'agite et soulève des masses qui paraissent former des montagnes, que le vent contraire dissout et dissipe promptement, pour ne laisser apercevoir qu'une désolante uniformité. C'est a ce sol mouvant qu'il fallait donner de la solidité avant de penser à y construire.

Les consuls rétablirent l'exercice du culte catholique. En ouvrant les églises ils laissèrent concevoir l'espérance que la religion serait bientôt protégée et glorieuse. On traita les Théophilantropes comme on traitera bientôt les Saint Simoniens. On créa des curés, des évêques, des archevêques, et on remit aux mains du pape l'extrémité de la chaîne qui attache les consciences. On organisa l'ordre administratif, et Bonaparte nomma les préfets, les secrétaires de préfectures, les sous-préfets. Passant à l'ordre judiciaire, il nomma et dota les juges, il recréa les notaires, les avoués, les huissiers, tous privilégiés, puisqu'ils transmettaient leurs places à prix d'argent, ce qui les enrichissait de véritables charges. Il organisa, plus tard, les droits réunis, les douanes, et le nombre des places dont il a pu disposer est immense. Tous ceux qui se trouvèrent ainsi favorisés tenaient leur fortune de sa main, et ils le reconnaissaient, de cette manière, il accomplit ces deux tâches principales, et surtout la dernière qui consistait à se composer un parti d'hommes qui lui fussent dévoués. Il a pu ainsi hardiment franchir le dernier intervalle et monter sur le trône. Il ne fut jamais roi légitime, il en convenait, mais il disait qu'il avait trouvé la couronne dans la boue, qu'il avait osé s'en saisir et la nettoyer, qu'il était fondateur d'une quatrième dynastie, et qu'il avait cet avantage, au dessus des chefs des deux dernières, qu'il n'avait usurpé sur personne, qu'il n'avait détrôné que l'anarchie, cela était au moins plausible, il faut en convenir, et valait beaucoup mieux que les systèmes incompréhensibles de nos doctrinaires qui n'ont su que trouver des mots creux. comme *la quasi légitimité*, *le juste-milieu*, *la stricte legalité* et autres semblables. Il osa fonder les autels expiatoires à Saint Denis, et il les consacra aux trois précédentes dynasties.

Monarque, il fonda la Légion d'Honneur; il ressuscita la noblesse, mais il ne la restitua pas comme un droit à ceux qui en avaient été pourvus avant la révolution; il la concéda seulement comme un bienfait qu'on devait tenir de lui. Il rappela les émigrés, et toujours par des actes de sa libéralité personnelle, il leur restitua plus de biens que n'a fait Louis XVIII. Enfin, quand on suppute le nombre des bienfaits qu'il distribua en argent, en places, dans le civil et le militaire, en titres honorifiques, on est au dessous de la vérité en le portant à cent mille, aussi son parti était inébranlable. Il l'avait composé comme celui que César s'était fait. Dans l'intérieur on pouvait l'assassiner; mais le détrôner vivant, cela était impossible (1). Il est pourtant tombé, et il a fini par aller mourir sur le rocher de Ste.-Hélène. Deux causes, bien indépendantes de la volonté des Français, ont produit cette catastrophe : la première, c'est la coalition compacte de toutes les puissances de l'Europe qui, projettée depuis 1792, n'a réussi qu'en 1813 ; la seconde, c'est la centralisation qui est née de la révolution et qu'il n'a pas détruite. La coalition s'est formée subitement, elle est devenue le résultat de circonstances instantanées qu'il ne pouvait prévoir. Pour la centralisation, il en connut les inconvéniens, mais elle lui était utile : il en avait même besoin pour pousser toute la France, grossie de ses annexes, comme une masse sur l'Europe.

Quand les coalisés ont envahi la France, ils ont marché droit à Paris, ils savaient bien que tout l'empire était là, que là était la chevelure de Samson. Les ennemis proposaient de traiter, alors qu'ils n'étaient qu'à vingt lieues de la capitale ; mais, une fois maîtres de cette ville, ils réduisaient l'empereur à n'avoir aucune ressource. Napoléon avait pris Vienne et Berlin sans détrôner l'empereur et le roi de Prusse : c'est que l'Allemagne tout entière, comme toute la Prusse, ne résidait pas dans ces deux villes. Avant la révolution, la prise de cette capitale n'eût pas non plus entraîné la perte subite de la France. Une révolution, comme celle de 1789, a éclaté à Paris quand Charles V gouvernait le royaume au nom

---

(1) Nous ne parlons pas de la tentative de Mallet, que Napoléon nommait une *cosaquade* : elle n'a pas réussi, elle a été facilement comprimée, après un succès éphémère, dû seulement à l'inexpérience de quelques fonctionnaires publics, ensuite le principal moyen du chef de la conspiration était de faire croire à la mort de Napoléon. Si cette conspiration eût atteint son but, si l'on eût constitué une république en France, et si Napoléon, seul, eût pu, sans être assassiné en route, revenir en France, tous ces fiers républicains se fussent éclipsés, comme au moment du réveil s'évanouissent ces êtres fantastiques qu'un rêve produit.

de son père, prisonnier en Angleterre, il a pu s'échapper ; il a trouvé un asile dans le pays, et il est revenu punir les rebelles. Sous Charles VI, un roi d'Angleterre a pris Paris, et s'y est fait couronner roi de France, mais Charles VII a pu transporter son administration ailleurs, composer une armée, défendre les parties de la France non envahies, et reconquérir ensuite son royaume entier (1). Si la centralisation n'eût pas existé sous Napoléon, s'il eût pu transporter son gouvernement avec lui, Paris pris, il eût pu nourrir une guerre de chicane, et, par un moyen quelconque, n'eût il détaché de la coalition que la plus faible des puissances, il aurait fini par traiter d'une paix, sinon glorieuse, du moins supportable. Voilà une de ces vérités qui ont frappé tous les yeux, il est inconcevable que, pendant les quinze ans de paix que nous a procuré la restauration, les ministres de nos deux rois n'aient rien fait pour détruire cette centralisation. Loin même de songer à l'affaiblir, ils ont centralisé la France, non pas seulement à Paris, mais dans le bâtiment de la Bourse de cette ville. Ce ne sera sûrement pas le gouvernement que nous avons en ce moment qui fera sortir la France de cette ornière où elle est embourbée, il en a bien assez de justifier la révolution de juillet, et de se défendre des conséquences qu'elle entraîne, cependant cette centralisation menace de le tuer d'une manière

(1) Si, en 1830, toute la France n'eût pas été centralisée à Paris, trois journées de barricades dans cette ville n'eussent pas obligé Charles X à aller chercher un asile en Angleterre. La France eût eu le temps de réfléchir ; supposez que le roi eût successivement été repoussé des différens départemens, c'est alors qu'on eût pu dire que la France entière avait chassé son roi mais de Rambouillet à Cherbourg, il a été conduit par des commissaires qui ont choisi la route qu'il devait tenir ; les départemens qu'il a traversés, pris au dépourvu, ont laissé faire. Ce n'est pas à des hommes raisonnables, qu'on dira que quelques drapeaux tricolores improvisés sont la preuve certaine de l'assentiment général. Si le roi Charles X voulait partir seul, que ne le laissait on faire ? C'était assez d'escorter sa famille jusqu'à Cherbourg.

plus imminente qu'elle ne faisait à l'égard de la restauration.

Si Napoléon, comme nous l'avons dit, s'est composé un parti de plus de cent mille Français, il faut doubler ce nombre, en y ajoutant ceux dont il avait enflammé l'ambition. Toutes les voies aux honneurs et à la fortune étaient largement ouvertes ; l'Europe entière était à distribuer et à gagner : il était loisible à tout le monde de rêver qu'il pourrait être roi, prince, ou général, ou gouverneur d'une province. Louis XVIII a dit que tout soldat portait un bâton de maréchal de France dans sa giberne, c'était un mot heureux trouvé par un prince spirituel, mais c'était un fait sous Napoléon Lors de la restauration, Louis XVIII a conservé presque tout à ceux qui possédaient les croix, les honneurs, la noblesse, les dotations, autant qu'elles ne grevaient point les étrangers · c'est ce qu'on a indiqué en disant qu'on respecterait les intérêts nés de la révolution, mais une paix, consolidée pour long temps, repoussait tous ceux qui fondaient leurs espérances sur les chances de la guerre, il n'y avait plus de dotation à obtenir : les places étaient prises et occupées. Pourtant une grande portion de la population était déclassée, inoccupée. Sans révolution, il n'y a pas d'avenir pour une masse énorme d'ambitieux sortis des rangs où la naissance les avait placés, et qui ne voulaient pas y rentrer. Le libéralisme leur a présenté une issue, ils ont tous tourné du côté de cette lueur révolutionnaire, et ils se sont associé la jeunesse formée depuis quinze ans, qui soupirait de n'avoir pas vécu dans le temps où la fortune distribuait des principautés, des duchés, des majorats, mais, enfin, le libéralisme aidant, pourquoi ces heureux temps ne reviendraient ils pas ? et le libéralisme, qui n'était qu'une opinion d'abord, est devenu une idée fixe, une action, un moyen, et enfin, un levier révolutionnaire Les insensés . ils n ont pas compris que ce ne peut être qu'une fois dans le cours des siècles que l'on remue ainsi toutes les propriétés ! à moins que... Mais nous nous arrêtons.

La restauration, se plaçant où avait siégé l'empire, pouvant donner peu parce qu'elle avait garanti à ceux qui les possé daient les avantages qu'ils tenaient de Napoléon, devait hériter du parti que les largesses de l'empire avait formé. Il n'en fut pas ainsi, ceux qui avaient reçu les faveurs de l'empereur et qui lui devaient leur fortune et leur élévation, quand ils ont été maintenus par Louis XVIII, ont établi qu'ils jouissaient en vertu du droit qui leur appartenait, qu'on avait seulement reconnu parce qu'on n'avait pas pu le leur contester, mais qu'ils ne devaient rien à la restauration. Ils en sont venus ensuite à prétendre que cette restauration n'est arrivée en France que dans les bagages de l'armée des alliés, que c'était les possesseurs actuels qui voulaient bien l'accepter et qui pouvaient lui dicter les conditions suivant lesquelles ils consentaient qu'elle existât. Bonaparte, en rendant la noblesse aux nobles, les biens et surtout les bois aux émigrés, leur disait : Je ne vous rends pas, je vous donne, et la condition de ma donation, c'est que vous me serez dévoués, que vous resterez mes hommes liges. Les ministres de Louis XVIII et de Charles X n'ont vu que des mots dans les prétentions de ceux qui avaient conservé ce qu'ils tenaient de Bonaparte, qui se croyaient dispensés de toute obligation envers la légitimité, et qui affectaient une reconnaissance et une fidélité inviolables envers leur bienfaiteur. Ils n'ont pas voulu comprendre la force et l'influence des mots sur une population que, depuis quarante ans, on fait tourner par ce moyen. Il semble, en effet, que ce moyen soit bien faible pour produire un aussi grand effet, mais quel effort faut il employer pour faire agir une masse élevée sur un pivot mobile ? Ces ministres, avant de s'endormir, se sont contentés de dire. *La légitimité est si forte qu'elle ne doit point se faire un parti · on ne voit pas deux révolutions dans un siècle;* et, rassurés parce qu'ils étaient aussi parvenus à créer des mots, ils ont bercé la restauration au bord d'un abîme affreux, dans le lit de cette légitimité. Les hommes qui s'étaient dévoués à la restauration ont été repoussés et tout à fait écartés. Ils se plaignaient, ils prédisaient de grands malheurs : l'événement a prouvé qu'ils avaient raison. Ils accusaient la restauration d'ingratitude, ils avaient tort. Elle n'était que conséquente à son système elle ne pouvait rien donner puisqu'elle n'avait rien gardé dont elle pût disposer.

Les temps sont accomplis : la restauration n'existe plus Une troisième restauration est impossible, et si le concours des événemens, que l'avenir tient en réserve, nous donnait Henri V, si, appelé par la pluralité des Français, il débarquait en France, ce ne serait pas une troisième restauration qui aurait lieu, ce serait une combinaison nouvelle, où le nouveau débarqué n'arriverait pas jusqu'à Paris Mais ce n'est pas dans cet avenir que nous essayons de percer actuellement, nous nous occupons seulement de la restauration aujourd'hui exilée. Elle est déjà un fait historique, elle n'est plus contemporaine : nous pouvons donc signaler ses fautes. Qu'elle ait accepté l'empire, qu'elle ait laissé subsister les bases du trône que les circonstances, l'habileté et la victoire avaient fondées, c'était une bonne combinaison. Il était, en effet, impossible de récréer l'ancien régime tombé en poussière, et cette poussière avait été balayée par le vent. Si Louis XVIII eût formé de nouveaux parlemens, la restauration eût été par eux renversée avant deux ans. Avec la Charte, au milieu de tous les élémens de destruction, elle a du moins duré quinze ans.

La faute principale qu'elle a commise, et qui les contient toutes : elle s'est reposée.

La Charte de 1814, considérée comme moyen de gouvernement, était pour la France un chef d'œuvre, mais ce n'était qu'une première pensée. Loin d'abandonner sa mise en œuvre au hasard des opinions et des circonstances, il était indispensable de lui donner du pied en l'appuyant d'institutions créées dans la même conception qui avait dicté cette Charte. On avait mis en présence la démocratie et l'aristocratie. La raison disait qu'il fallait donner des organes et des moyens de conservation à ces deux puissances d'opinion. Le roi était établi au-dessus comme suprême modérateur, il eût été tout puissant pour le bien, s'il eût tenu dans sa main le moteur qui, par un mouvement, eût arrêté les entreprises de l'aristocratie en lui opposant la démocratie; comme en fronçant le sourcil il eût mis une digue puissante aux envahissemens de cette démocratie. Mais, pour créer ce moyen, il fallait de l'imagination, et se décider à ne pas toujours se traîner servilement sur les traces de nos législateurs révolutionnaires, et s'imbiber sans cesse de ces lois salies par les tristes circonstances au milieu desquelles elles ont été faites. A ces moyens de législation, il était indispensable, par les moyens d'administration, en conservant les récompensés de l'empire, de les attacher sincèrement à la légitimité. Cela était d'autant plus aisé que le plus grand nombre de ces parvenus, ayant déjà un laps de temps de jouissance qui consolide leur avoir, se sont honorablement comportés lors de nos derniers événemens · on a vu peu de croix de juillet unies au grand-cordon de la Légion d'Honneur. Ceux qui, dans le parti qu'on a nommé bonapartiste, se sont montrés, n'étaient que ces aspirans qui, sous l'empire, se regardaient comme les survivanciers des titulaires des dignités et des places. La restauration anéantissait leurs droits éventuels, puisque ces titulaires ne devant plus passer seulement comme des ombres, et qu'ils gardaient pour eux et leurs enfans.

Au lieu de ces vastes combinaisons, l'exécution de la Charte a été confiée aux idées vacillantes de tant de ministères transitoires. Celui ci, comme nous l'avons dit, effrayé du parti bonapartiste, assourdi par les clameurs de ceux qui ne parlaient que de nos victoires, relevèrent la révolution, qui ne s'attendait guère que la restauration serait le lévite qui verserait de l'huile et du vin dans ses plaies, et l'opposa aux royalistes et aux bonapartistes, ensuite, et comme la plus belle conception de l'esprit humain il forma un système de bas cule. Cet autre vit toute la politique dans les finances, et la concentra dans la Bourse de Paris. Le ministère qui succéda au ministère déplorable pensa apparemment qu'une révolution était instante, qu'il fallait que le roi la fît et se mît à sa tête, comme Henri III s'est proclamé chef de la Ligue. Il concéda tout ce que la démocratie demandait, et comme il faut toujours trouver des mots, ces concessions ont été nommées l'établissement de l'ordre légal, il a cru jouir ainsi d'un moment de repos ; mais c'est à cette démocratie que s'applique justement le *crescit eundo* · plus on lui abandonnait, plus elle voulait avoir. Dominant les élections, dominant l'opinion publique par la presse, elle voulut entrer, avec le roi, en partage du pouvoir exécutif. La prétention en est assez clairement manifestée dans l'adresse des deux cent vingt et un. Quand fut créé le ministère Polignac, il n'y avait pas un moment à perdre ; le danger était imminent, l'orage était formé, les éclairs sillonnaient la nue ; le sinistre bruit du tonnerre retentissait dans le lointain · le ministère inventa deux phrases bien courtes · *Point de réaction, plus de concessions,* et il se rendormit comme la mollesse, et ferma la paupière. Pendant tout le cours d'une année, et par intervalle seulement, il disait : *Que ferons-nous ? Il faut faire quelque chose,* enfin, et quand déjà tout était perdu, il a fait les ordonnances, les a lancées dans le public, sans précaution, et il est venu expirer, avec la restauration, sur une barricade (1).

(1) On a reproché à ces ministres de n'avoir pas préparé leurs moyens, de n'avoir pas imité la conduite du Directoire, au 18 fructidor. Mais qu'auraient dit et écrit l'opposition et les journaux, si, comme le fait le gouvernement du *juste milieu*, ils eussent encombré Paris d'une armée tout entière, soutenue de légions de gendarmes, de sergens de ville, de patrouilles de police sous toutes les couleurs, de manière que, si Paris n'est pas en état de siége, les Parisiens sont, du moins, dans une sorte d'état d'arrestation. Pourtant l'opposition ne dit rien C'est qu'elle est plus bruyante, peut-être, mais moins dangereuse et moins profonde en ses desseins que celle qui attaquait Charles X

On a dit pour affaiblir l'horreur qu'inspirera, dans tous les siècles, l'assassinat de Louis XVI, que ce fut un accident dans la révolution ; nous pensons, au contraire, que ce fut un crime longuement médité, un moyen calculé par les ambitieux qui voulaient, les uns, prendre ou livrer la couronne, et, les autres, établir une république, tous avaient pour but de rendre les Français irréconciliables avec la royauté qu'ils venaient de détruire. Mais la chûte et l'exil de Charles X nous paraissent être réellement un accident né des journées de juillet Personne ne pensait, avant cette catastrophe, à renverser le trône légitime. On en voulait au ministère, on n'en voulait qu'à lui. Des meneurs avaient pour but d'arriver au pouvoir et de saisir le timon des affaires (1). Ceux qui se sont effectivement battus à Paris ne connaissaient rien à la question, ils se faisaient tuer en criant · *Vive la Charte !* Les remueurs des pavés de Paris ont changé notre constitution, ont ému toute l'Europe, une nouvelle révolution a commencé, elle est sortie informe de la perturbation du moment, on l'a envoyée à tous les départemens par la commodité des diligences Laffitte et Caillard. Ces départemens l'ont ils acceptée avec enthousiasme ? c'est ce que le temps nous apprendra. On ne regardera pas du moins, comme une preuve certaine de leur sympathie, les quatre vingt mille pétitionnaires partis de tous les points de la France, pour venir, à Paris, demander des préfectures, des sous préfectures, des recettes générales, des recettes particulières, des places de juges et de procureurs du roi . abattez un édifice, et vous voyez surgir une multitude de rats.

Après les premières journées de l'insurrection, quand il

(1) Nous ne contestons pourtant pas, comme certains journaux l'ont annoncé, qu'on conspirât pour donner le trône à Louis Philippe, mais cela ne change en rien notre conclusion car ceux qui pouvaient y penser étaient en petit nombre, c'étaient au plus quelques bavards ambitieux, trop peu braves pour s'être associé des complices Ils ont profité de la circonstance, mais ils ne l'ont pas fait naître

s'est agi de signer la protestation, qui était l'épée qu'il fallait tirer du fourreau contre la royauté légitime, on assure qu'un député a répondu à ceux qui le pressaient de se déclarer : *Je ne veux pas sortir de la légalité, l'ordonnance de dissolution a paru, je ne suis plus député.* Il n'a jamais démenti ce fait Eh bien ! s'il est vrai, ce député s'est trouvé dans la même situation que Napoléon après la bataille de la Moskowa, quand ses généraux lui demandaient sa garde, placée en réserve, afin de poursuivre les Russes : *Je ne vois pas assez clair sur mon échiquier*, dit il. Il réfléchissait alors qu'il était à plus de cinq cents lieues de Paris, et qu'il ne devait rien mettre au hasard. Quand, pour ce député, l'horizon s'est éclairci, il a donné sa signature, ensuite il a parlé et agi bien différemment, il a franchi la légalité, en sautant par dessus ; il s'est reconnu député constituant, plénipotentiaire de la France, pour changer la Charte, nommer un roi abattre une dynastie, en créer une nouvelle. Il a prétendu que ceux qui trouvaient que c'était aller bien vite, étaient des *gérontocrates*, il n'a pas réfléchi que, dans la comédie, ceux qui trompent les Gérontes ne sont que des Scapins et des Mascarilles.

L'un de ceux dont on avait supposé la signature comme membre d'un gouvernement provisoire surgissant, *a démenti cette signature*. M. de Lafayette, à l'Hôtel de Ville, a entamé un traité avec la cour. Tout cela prouve qu'on hésitait. Ceux là seuls y allaient bien franchement, qui, ne connaissant personne et étant inconnus de tous, tiraient sur ceux qui faisaient feu. Comme dans tous les pays de la terre, le peuple qu'on a échauffé se battra sans savoir pourquoi Il est encore certain qu'on a offert à M. de Lafayette de le mettre à la tête du gouvernement comme dictateur, protecteur ou comme président. Nous avons vu le 28 juillet, au soir, des hommes qui ont parcouru toutes les rues de Paris, ils s'arrêtaient et lisaient une proclamation imprimée, composée de quelques phrases seulement, dont chaque lettre était presque d'un pouce et qui finissait ainsi : *A bas les Bourbons ! tous les Bourbons ! Nous n'en voulons plus.* Ensuite on a crié, là : *Vive la république !* ici *Vive Napoléon II !* Cette révolution a eu plus d'un caractère de ressemblance avec celle opérée à Naples, le 7 juillet 1647, par Thomas Aniello, dit Mazaniello. Elle a eu pourtant un résultat différent, parce que des meneurs s'en sont emparés et lui ont donné une direction quand il n'y avait plus de danger à s'en montrer les chefs. Mais la preuve que ce n'était qu'une frénésie passagère, et qui pouvait s'éteindre, c'est qu'au moment où on a annoncé l'abdication en faveur du duc de Bordeaux, on a crié aussi : *Vive Henri V !* Enfin, l'histoire consignera, comme un fait remarquable, que plusieurs des deux cent vingt et un votans de la fameuse adresse, ont publiquement improuvé le renversement du trône légitime, que M. de Châteaubriand, qui fut long temps le plus éloquent orateur de l'opposition, s'étant chargé, dans son dernier discours comme pair, de faire l'épitaphe de la restauration, en a tracé le plus touchant éloge (1), que la chambre du mois d'août, qui a promis de faire de la Charte de 1814 une vérité, qui a créé la quasi légitimité, qui nous a donné un roi des Français, et qui l'a couronné, sans grande cérémonie, dans l'une de ses séances, est devenue impopulaire ces législa

(1) Le dernier ouvrage que ce grand écrivain a publié sur les événemens actuels, est la plus ferme défense de la royauté légitime, c'est aussi l'une des œuvres les plus éloquentes qu'il ait produites ; elle est bien supérieure à tout ce qu'il a écrit sur les théories politiques ; c'est que, dans ces dernières circonstances, son cœur et sa raison conduisaient sa plume, son imagination n'était là que pour brillanter et embellir son style, que M. de Châteaubriand soit toujours un grand écrivain, mais qu'il ne soit jamais ministre. Il nous semble qu'il a trop de génie pour remplir de pareilles fonctions, que ses pensées sont trop nombreuses et trop grandes pour qu'il puisse s'occuper de ce qu'il y a de matériel dans la direction d'un ministère. Que ferait-il qui lui valût ce qu'a produit son dernier ouvrage ? C'est un premier coup de canon tiré, dont l'explosion a ébranlé l'atmosphère entière de l'opinion publique et le boulet a frappé le but.

teurs *désappointés* l'avouent aujourd'hui avec amertume.

De ces événemens qui ont fini la restauration, quand tant d'émeutes multipliées nous ont menacé de révolutions nouvelles, plus sanglantes, plus subversives encore, tirons du moins quelques leçons qui seront utiles à tous les rois de l'Europe, et même au roi des Français.

La première, c'est que, quand on commence une révolution, il est impossible de savoir où elle s'arrêtera. La balle partie d'une arme à feu parcourt sa carrière, atteint son but et meurt. Une révolution n'a aucun but vers lequel elle tende. C'est un incendie qui se communique de tous les côtés, comme le hasard des vents le pousse; il augmente progressivement tant qu'il rencontre des matières combustibles. Pour arrêter ce fléau, il faut l'étouffer.

La seconde, c'est que toute popularité est éphémère. On s'est servi d'une expression bien impropre, quand on a parlé de la sympathie qui existe entre un homme et une masse d'autres hommes. La sympathie est un sentiment qui n'agit qu'entre des individus indépendamment de leurs intérêts et de leur volonté. Les masses, au contraire, élèvent un homme sans l'aimer, parce qu'il paraît vouloir ce qu'elles veulent. L'opinion charge-t-elle ? la masse rejette avec dégoût l'organe d'une volonté qu'elle n'a plus, et, si des malheurs surviennent, elle brise cette idole, comme ces sauvages qui rendent leur dieu responsable des revers qu'ils éprouvent, et qui l'en punissent.

La troisième, c'est que, chez un peuple qui jouit de la liberté de la presse, il y a deux opinions publiques · celle qui se forme des idées communiquées, et celle qui sort de la combinaison des intérêts matériels de chaque individu. La première s'établit comme un tyran; elle comprime tout, même celle qui est fondée sur l'intérêt personnel, mais son règne est bien court. L'intérêt personnel parle à son tour, et, à toutes les minutes, sa voix a moins d'éclat, mais elle est pénétrante, elle a bientôt vaincu sa rivale. Dites à un peuple que telle combinaison politique est une chose admirable, il le répétera et brisera tout pour qu'elle s'établisse, mais, s'il en résulte pour lui la misère et la faim (1), une autre opinion publique, bien plus solide, se forme, et il rejette celle qu'il avait acceptée, comme les enfans, en soufflant, écartent des bulles de savon.

La quatrième, c'est qu'il n'est pas au pouvoir des hommes de construire un édifice assez solide pour qu'il résiste long temps aux coups répétés d'un énorme bélier, surtout quand, en même temps, on mine les fondemens.

La cinquième, c'est que les peuples ne peuvent plus être abusés avec des mots, la vérité nue, toute nue, apparaît bientôt, non seulement aux yeux de l'histoire, mais même à ceux des contemporains. L'imprimerie seule, à plus forte raison la liberté de la presse, la dévoile et la conserve. Quelque loi que vous fassiez pour empêcher qu'on la proclame, elle sera connue. Tout événement, tout homme, sera jugé par son siècle et par la postérité. Si quelques mémoires joints aux monumens historiques nous permettent de découvrir bien des intrigues qu'on a cru long temps devoir rester ignorées, combien il sera facile de mettre au jour les petits moyens, plus ou moins honteux, employés dans ce siècle par quelques petits ambitieux qui ont caché leur nullité sous une popularité que l'intrigue leur a procurée (2).

De ces idées premières, qui sont devenues presque triviales à force d'être vraies, nous pouvons arriver au résumé des causes qui ont amené la destruction du trône légitime : elles résultent, comme déjà nous l'avons démontré, de ce que cette restauration a relevé la révolution que Bonaparte avait vaincue et terrassée, de ce qu'elle a reconnu tous les droits acquis sous l'empire, sans se rien réserver qu'elle pût donner, de ce qu'elle a marché entre les partis différens, qu'elle les a seulement op-

(1) *La sedition du ventre*, disait Gaston d'Orléans, *est la pire de toutes*.

(2) La discussion sur la liste civile a prouvé que la royauté de juillet a coûté bien des millions.

posés les uns aux autres sans s'en appropuer aucun ou sans en
composer un qui lui fût personnel, dût elle le recruter chez
ses ennemis, qu'elle a abandonné la Charte, dans son exécution, aux hasards des événemens ; sans l'environner d'institutions nouvelles appropriées au temps, que les ministres qu'elle
a employés n'ont su rien inventer, rien imaginer, quoiqu'ils
eussent sous les yeux les exemples de Bonaparte, qui, toujours, concevait et établissait, et qui avait bien compris que,
quand on a créé, il faut créer encore, que cela est vrai surtout alors qu'on fonde un empire, que la restauration, qui a
enrichi tant de monde, non pas en donnant, mais en reconnaissant les donations, les concessions et les droits, a été accusée d'ingratitude. On ne lui a pas même tenu compte de ce qu'elle a fait
relativement aux domaines nationaux. Ces biens, sous la république, sous le directoire, sous l'empire, étaient dépréciés, et
leur valeur, dans les mains de leurs timides possesseurs, était
bien faible, comparée à celle des biens patrimoniaux, la restauration les a *patrimonialisés*, de manière qu'on recréerait plutôt des assignats aujourd'hui qu'on ne toucherait au plus faible
de ces domaines. Sous l'empire, on ne dissimulait pas que, dans
un besoin urgent, tôt ou tard on reviendrait sur le vil prix,
moyennant lequel on les avait originairement donnés. Mais,
s'écrie t on, Bonaparte fut un tyran, il est tombé. La restauration n'en a pas moins doté la France de cet immense bienfait.
On n'ira pas jusqu'à accuser les Bourbons de tyrannie, et pourtant la restauration est tombée aussi, et après aussi une période de quinze ans. Enfin, et nous insistons sur ce dernier
grief, parce qu'il a particulièrement influé sur les derniers
événemens, et qu'il existe tout entier contre le trône populaire
de Louis Philippe : la restauration s'est endormie au milieu
d'une masse considérable de population déclassée, tourmentée
d'ambition, du désir de s'enrichir, et de s'élever aussi rapidement que tous les parvenus des temps passés. Il fallait, il
faut encore aujourd'hui donner un écoulement à ce torrent

qui menace de rompre toutes les digues ; il faut soulever la soupape qui laissera échapper cette vapeur, autrement elle brisera ce qui la contient. Mais quel est ce moyen ? nous croyons le connaître ; nous ne le dirons pourtant pas. Il est des momens où les peuples paraissent agités de vertige. Ce n'est pas celui qu'il faut choisir pour leur faire entendre le langage d'une froide raison, on ne le comprendrait pas, ou l'on n'y opposerait que la dérision, par cela seul que cette idée ne serait pas semblable à celles qui dominent. Laissons passer l'accès de fièvre ; le moment d'abattement et de repos viendra.

Nous avons examiné le passé jusqu'à la révolution de juillet ; osons envisager le présent et répondre à cette question que nous nous sommes faite : où allons nous ?

Cette tâche est plus difficile à remplir que la première. Nous parlons à des oreilles que la vérité blesse d'autant plus que cette vérité du moment est hérissée de pointes. Cependant, il faut avoir le courage de la proclamer, ou il faut se taire. Rien n'oblige un honnête homme à écrire, mais, quand il prend la plume, la probité lui ordonne d'être lui, sincèrement et franche ment. Nous convenons qu'il faut aussi respecter les lois répres sives de la liberté de la presse, quand même on n'en approuve rait pas les dispositions, mais, quand l'écrivain n'a été conscien cieusement que jusqu'à la borne que ces lois ont posée, sans la dépasser, il peut braver les réquisitoires et les condamnations qui résulteraient du sens forcé de ces lois, en se disant : Le condamné sera réhabilité un jour, le condamnant jamais.

Nous croyons avoir démontré que ceux qui ont excité le peuple à l'insurrection de juillet n'ont pas pensé qu'ils réussi raient à détrôner Charles X. Ils ont seulement su profiter de l'événement, ou ils ont été entraînés par le torrent de la circonstance. Ensuite on a condamné la royauté légitime avant de dresser son acte d'accusation.

Une idée bien vertueuse a dirigé constamment les inten tions de Charles X, que le peuple français jouisse de la plus grande somme de liberté individuelle, que toutes les propriétés soient respectées ; que les finances arrivent à un tel degré de prospérité que tous les peuples l'envient ; que l'Europe respecte la France, et reconnaisse le rang élevé qu'elle doit tenir parmi les puissances ; qu'elle aime et garde la paix ; mais, s'il faut qu'elle combatte, que l'honneur et la gloire s'attachent à ses drapeaux et y enchaînent la victoire ; que le commerce n'éprouve que les entraves dont il est impossible de le débarrasser, que chacun émette librement sa pensée, rappelle et caresse même les souvenirs qui plaisent à son imagination ; que ce peuple, enfin, soit heureux, d'un bonheur réel, et la restauration est inébranlablement établie sur sa base. Malheureusement ce n'est là que la morale d'un bon gouvernement, ce n'en est pas toute la politique. Elle consiste à armer la société contre les moyens de dissolution qui agissent sans cesse pour la détruire, et le gouvernement contre les perturbations. La restauration n'a voulu et ne devait vouloir que ce qui résulte de cette pensée morale : elle est donc lavée de toute espèce de reproche, puisqu'il est incontestable que nous avons joui de tous ces avantages. La partie de cette politique, que nous venons de caractériser, devait être l'œuvre du ministère. La perturbation a renversé le trône légitime : les ministres sont seuls coupables.

Nous ne descendrons pas à discuter ces honteuses et calomnieuses imputations populaires, par lesquelles on supposait que Charles X s'était fait jésuite et disait la messe (1). Les jésuites, qui n'ont jamais été reconnus, mais seulement tolérés sous son règne, qui ne se sont infiltrés en France que par suite de la liberté d'exercer l'instruction publique, que tout

(1) Le cardinal de Retz, dans ses Mémoires, en racontant l'effet qu'avait produit dans le peuple les pamphlets qu'il faisait composer contre le cardinal Mazarin, dit « *Je mis l'abomination dans le ridicule, ce qui fait le plus dangereux et le plus irremediable de tous les composés, et, en huit jours, je le fis passer pour le juif le plus convaincu de l'Europe* »

le monde réclame aujourd'hui, ont été expulsés sous l'un des ministères de la restauration, et l'imputation de *jésuitisme* ne se retrouve plus que dans les derniers rangs de la populace. Il faut repousser avec le même dédain cette prétendue protestation de M. le duc d'Orléans contre la naissance du duc de Bordeaux ; elle était plus insultante à Louis Philippe qu'à la mère du jeune prince, cette princesse qui disait, d'un accent candide, quelque temps seulement avant l'époque de juillet : *Ils sont si bons, cés d'Orléans*. La protestation supposée, faite à Londres, est une seconde édition de celle qu'on a débitée dans le temps, qu'un autre prince a déposée secrètement au parlement de Paris, lors de la naissance d'un fils de Louis XVI ; c'est à cette occasion qu'un plaisant a dit : *Les collatéraux ambitieux sont antigénésiens*. Cet acte, s'il a été consigné dans les journaux anglais, n'était qu'un mauvais libelle, que M. le duc d'Orléans n'a sûrement pas même été obligé de désavouer à la cour, et l'on sait de quelle manière sanglante le journal le *Figaro* a rétorqué l'argument. Il ne faut voir dans ces honteux écrits que les débauches de la presse, nées des momens de licence qui suivent immédiatement les révolutions (1).

Les ennemis de Charles X ont mis aussi l'abomination dans le ridicule ; ils ont fait boire à longs traits au peuple, toujours crédule, l'absurdité libérale, ils ont fait du monarque *le jésuite le plus convaincu*. Que feront ils de Louis Philippe ? De quoi le feront ils passer pour être convaincu.

(1) A tous ces vils moyens que l'intrigue a mis en usage, on vient d'ajouter celui de récréer la fable qu'on avait déja employée sous Napoléon et pendant la restauration : on veut supposer encore l'existence du fils de Louis XVI qu'on aurait sauvé de la tour du Temple, en lui substituant un enfant mourant, ce qui donne lieu à forger ce conte absurde, c'est qu'on n'a point dressé un acte mortuaire du jeune roi, et qu'après l'autopsie du cadavre on a procédé à l'enterrement. De graves écrivains bien intentionnés, dont les plumes ont été consacrées à établir combien cette supposition est ridicule, ont recherché et calculé toutes les circonstances qu'il a été en leur pouvoir de constater. Sans doute, ils ont prouvé plus clairement que cela n'était nécessaire,

Que voulait on ? Que demandait on ? Qu'a-t obtenu ?

La France était heureuse, libre et dans un grand état de prospérité. On en convient ; pourquoi donc a-t-on tout brisé ? Le peuple qui, en définitive, paie le dégât, a bien le droit de demander pourquoi on lui cause de si énormes dépenses, et quels sont les avantages qu'il en retirera ? Il faut lui donner des raisons, bonnes ou mauvaises. Nous allons apprécier celles qu'on a arrachées à nos faiseurs de révolutions, pourvu que le peuple français, un jour, en leur montrant les débris, ne leur dise pas comme à ces enfans méchans et opiniâtres,

le décès du jeune roi, mais enfin il leur est impossible de le prouver aussi manifestement que le décès de Louis XVIII, puisque l'enfant mort comme l'enfant vivant, était au pouvoir de ses geôliers et peut-être de ses assassins, sur cet événement, il nous semble qu'il n'y a qu'un aspect sous lequel il faut considérer le fait, et qu'il est raisonnable d'abandonner les détails. Plus on emploie de moyens pour prouver un fait incontestable, plus on fournit des armes à des adversaires de mauvaise foi, parce que ceux-ci quittent ce fait pour critiquer la défense, et qu'une polémique sur les mots devient pour eux un moyen de démonstration.

Mais, en posant la question franchement, on peut s'arrêter à ces points.

Louis XVII, dans son cachot, était le roi de France aux yeux de sa famille et des étrangers.

L'a-t-on sauvé de la tour du Temple en 1794, ou dans le mois de juin 1795 ; cela est parfaitement indifférent. Tous les prétendans ont à justifier ce qu'ils sont devenus après l'évasion, c'est à eux de faire cette preuve, et s'ils ne sont pas les plus misérables des imposteurs, elle leur est bien facile. Tous ces faux Louis XVII disent qu'ils ont de suite été transportés dans la Vendée, une armée toute entière les a donc vus ? cependant tous les Vendéens sourient d'indignation.

L'apparition du jeune roi sur un point quelconque de l'Europe favorisait tous les intérêts, ceux des Vendéens, ceux de la famille, et même ceux des puissances belligérantes. Tous auraient proclamé son existence, il eût été aussi difficile de la cacher, que de la ressusciter aujourd'hui.

Les faux Démétrius, et tous ceux qui, dans différens pays, se sont prétendus miraculeusement sauvés et sont venus réclamer leur héritage, ont commencé par prouver l'intérêt qu'ils ont eu à cacher leur existence, tous ces faux Louis XVII avaient au contraire intérêt de manifester la leur à l'instant, qui cassent, par le seul goût qu'ils ont de détruire, tout ce que leurs mains peuvent atteindre. *Pourquoi as tu fait cela ?*

Supposons un moment ce peuple désenivré, mis en présence des meneurs de juillet, et ceux-ci obligés de rendre compte des motifs qui les ont fait agir, leur premier moyen sera celui-ci : Nous ne voulions plus du droit divin en vertu duquel les rois légitimes, en France, prétendent qu'ils règnent, et nous avons de nouveau intrônisé la souveraineté du peuple.

On leur répondra : Ce sont des raisons ou des faits que nous demandons, et non pas des mots. Que font, en effet, au peuple toutes ces vaines formules ? Que lui importe que ce soient tels ou tels qui montent au pouvoir, qui calculent le budget qu'il doit payer. Il y a bien long-temps qu'on a annoncé qu'il faudra toujours qu'il porte son bât. Les intrigans, les ambitieux, font les révolutions au nom du peuple et à l'aide du peuple, sous le prétexte de soulager *le pauvre peuple*, mais

Le faux duc de Normandie, créé récemment par M. F. Defontaine, prétend qu'il a été sacré, et il ne produit aucun témoin qui ait assisté à cette cérémonie, il a ensuite été transporté aux Etats-Unis. Qu'il nous produise donc ses témoins américains, ou tous les échos de ce continent lui crieront : *Tu es un imposteur.*

Et c'est avec de pareilles fables qu'on abuse un peuple qui existe, dit-il, dans un siècle de lumières. Si cette fable obtenait créance, il faudrait dire que le siècle des lumières est bien bête et bien crédule.

Et dans quel intérêt vient-on renouveler cette imposture ? Est-ce pour nous dire : Louis XVIII, Charles X et Henri V sont des usurpateurs; donc Louis Philippe n'a rien usurpé sur eux; il n'a usé que d'un droit égal au leur. Ce serait mentir au véritable droit de Louis Philippe, ce serait lui faire renier son origine. Il convient que le peuple souverain, debout sur une barricade, a dit aux princes de la branche aînée : *Je ne veux plus de vous :* et regardant M. le duc d'Orléans, il a ajouté : *Toi, tu seras roi, mais avec des conditions :* et ces conditions, sont les changemens faits à la Charte de 1814. On les lui a présentés, et à chaque article, il a incliné la tête en avant, ce qui voulait dire : *Oui, peuple souverain.*

Ainsi, tous les faux Louis XVII n'ont plus rien à voir dans cette affaire, et M. F. Defontaine n'est, avec son duc de Normandie, qu'un triste plagiaire, sans invention, sans imagination.

quand la révolution est terminée, ils lui disent : *Tu es heureux, recourbe toi maintenant, et porte un bât plus lourd*. C'est l'histoire de toutes nos successives révolutions Les budgets ont toujours été progressivement plus élevés. On donne de bonnes raisons, on fait des improvisations brillantes, mais cette logique et ces beaux discours coûtent bien cher aux contribuables. L'opposition crie bien haut, mais le budget passe toujours. Revenons Qu'est ce que ce droit divin? et que veut faire comprendre cette expression *par la grâce de Dieu?* Ce n'était certainement pas un droit à exercer despotiquement le pouvoir, qu'on voulait en faire sortir. Cela serait trop absurde. N'était-ce pas plutôt un hommage perpétuel rendu à la divinité, de laquelle tous les événemens émanent? N'était ce pas, de la part des monarques, reconnaître aussi qu'ils ont un juge suprême comme les autres hommes, et qui sera plus sévère à leur égard, car il leur demandera compte du talent qu'il leur a confié pour qu'il le fissent fructifier. On disait autrefois, sans trop scandaliser les savans politiques : *Dieu tient dans sa main le cœur des rois*. Jean Jacques, dans son *Contrat social*, a consigné cette phrase, liv. 1, chap. 3, qui doit être considérée comme une hérésie par les novateurs de nos jours : *Toute puissance vient de Dieu, je l'avoue, mais toute ma ladie en vient aussi*. Le Genevois contestait le pouvoir résidant dans une seule main, mais du moins il ne contestait rien à Dieu.

On ajoute Le droit divin suppose que le monarque règne par celui de sa naissance, et que Dieu l'a revêtu de ce pouvoir, puisque sa volonté l'a placé en ce monde dans un rang où il le prendrait pour le porter un jour sur e trône, et nous voulons un roi que le peuple ait fait et nommé. Mais, à côté de cette monarchie élective, aujourd'hui, n'avez vous pas placé l'hérédité? Le prince, aujourd'hui duc d'Orléans, ne sera t il pas roi par le droit de sa naissance? Toute monarchie héréditaire ne suppose t elle pas l'élection à son origine? Et si le prince royal est chrétien, s'il croit en Dieu, il pensera sans doute que tous les événemens sont le résultat de sa volonté, ou qu'il les permet, il se dira donc : Je suis roi par la grâce de Dieu. S'il est impie et matérialiste, il dira : Je suis roi par la *grâce du hasard*. Il n'y a donc dans ce droit divin qu'une formule ; et faire une révolution pour une formule, ébranler les bases d'un empire, ouvrir un gouffre immense qui peut engloutir tout un peuple qui était heureux, ô grands penseurs du dix-neuvième siècle, vous nous faites rétrograder jusqu'à l'enfance du sens commun (1) !

(1) N'est-il pas souverainement ridicule que ce soit toujours avec des mots sans définition qu'on a lancés dans le public, et que ce public répète aussi sans y réfléchir, qu'on fait ou qu'on essaie de légitimer une révolution ! Que la franchise de certains journalistes est préférable à toute cette bavarderie, quand ils nous ont dit : Depuis 15 ans, nous conspirions pour donner le trône à Louis-Philippe. Nos protestations de dévoûment aux deux derniers rois, n'ont été qu'une comédie de 15 ans. Eh ! pourquoi préférez-vous Louis Philippe à Louis XVIII, qui nous a donné la Charte, et qui a réellement établi en France le régime constitutionnel, à Charles X, qui, à son avénement au trône, a rendu la presse et les journaux libres, qui, sous le ministère Martignac, a permis de publier autant de journaux qu'on voudrait, par opposition au précédent ministere qui éteignait ceux qui ne lui convenaient pas, en les étouffant sous des ballots de billets de caisse ! C'est, répondent les opposans, que les Bourbons nous ont été imposés en 1814 et 1815, qu'ils ne sont arrivés en France que dans les bagages des armées étrangeres. Mais Louis Philippe ne faisait-il pas partie de cette cargaison ? Mais n'est-il pas aussi sorti de France en 1815, pour y rentrer apres les cent jours ? Nous ne voulons plus de la légitimité, mais cette légitimité n'est que le droit de succéder. Napoléon II n'est-il pas empereur legitime, au dire de ses partisans ? M. le duc d'Orléans, à la mort de son pere ne se dira-t-il pas roi légitime en France ? Pauvre peuple ! que tu es simple, et comme facilement on t'abuse !

Quant au jeune duc d'Orléans, quelque libérale qu'ait été l'éducation qu'il a reçue, ce prince reste intéressant aux yeux de tous les partis, par son âge et les espérances qu'on peut fonder sur la sagesse, la maturité précoces qu'il acquerra au milieu des grandes circonstances où il est placé.

Cependant un sentiment douloureux vient affecter l'âme de tous les honnêtes gens qui réfléchissent à la position brillante, superbe qu'il avait, comparée à celle que les événemens lui peuvent réserver. Nous sommes dans

Mais la souveraineté du peuple, au moins, est une idée positive, continueront de nous dire ces messieurs. Sans examiner ici ce que c'est que la souveraineté partagée et exercée collectivement par trente deux millions d'individus, disons seulement que c'est une rêverie renouvelée de 1792, plus vieille chez nous que les rêveries renouvelées des Grecs. Il y a un grand bon sens dans le peuple qui ne l'égare jamais quand il se laisse conduire par lui, et la direction que ce bon sens d'instinct lui présente

un moment d'affreuse perturbation ; tout doit rester pendant quelque temps comme dans le provisoire, mais enfin, il faut que les choses s'établissent ou que la France périsse Si Louis Philippe venait à manquer, le jeune prince aurait il les moyens et la force nécessaires pour maintenir l'œuvre de la révolution de juillet ? Nous sommes loin de contester le droit qui lui appartiendrait et qu'il tirerait de la loi qui a formé celui de son père, mais ce n'est pas après l'assassinat de Louis XVI, celui de Louis XVII, l'écroulement du gouvernement directorial, les deux abdications de Napoléon, les deux abdications de Charles X et de Louis Antoine, qu'on peut avec confiance se reposer sur un droit légal S il veut compter sur un héritage de popularité, cet espoir est fondé sur une base bien fragile.

Grand Dieu dans quelques années seulement, serons nous condamnés à voir trois jeunes contendans a la couronne de France Napoléon II, que la politique peut demain émanciper des liens qui le retiennent pour le donner comme une tête à son parti, le jeune duc de Bordeaux, que quatorze siècles de légitimité élèvent jusques dans les nues, et M. le duc d'Orléans qui tiendra un héritage disputé L'Europe, dans la vue de nous affaiblir, de se partager nos provinces, ne se divisera t elle pas pour soutenir, qui ? celui ci, qui ? l autre de ces prétendans ? Les Anglais concilieront ils de si grands intérêts avec leurs protocoles, nouvelle invention de ces temps modernes, presqu'aussi niaise que la prétention de nos doctrinaires, de faire du gouvernement et de la politique avec des mots qu'ils ne peuvent définir eux mêmes.

Que la destinée des familles régnantes est déplorable Si un parent dépouillait violemment son parent, la voix publique toute entière le poursuivrait de son infamante réprobation. L'usurpateur, on lui applaudit au contraire. S'il est heureux et qu il saisisse une couronne, on soutient que c'est le peuple qui fait ce changement, et dans son intérêt qu'il n'y a point usurpation de la part du pourvu, mais seulement acceptation. Concédons tout ce qu'on voudra à cet égard, mais qu'on nous concède aussi que le fait est toujours contestable.

est d'autant plus infaillible que l'opinion libre de ce peuple se forme en raison composée de sa situation, de ses besoins, de ses souvenirs et de ses espérances. Ces mots de la souveraineté du peuple se placent aujourd'hui dans toutes les phrases débitées dans la chambre des députés, dans les articles des journaux révolutionnaires ; mais le peuple ne les répète plus. Cette souveraineté est pour lui une pièce de circonstance qui est tombée à plat à sa reprise. En 1792 et 1794, même jusqu'à l'avénement de Napoléon au consulat, le peuple français parlait de sa souveraineté, d'abord comme d'un droit réel qu'il demandait à exercer, ensuite, il en plaisantait comme d'un leurre à l'aide duquel on l'avait abusé. C'est le plus gaîment du monde qu'il en a donné son abdication quand Bonaparte lui a fait entendre cette phrase très intelligible et qui n'est pas composée que de mots : *Tout pour le peuple et rien par le peuple.*

Comment aujourd'hui les Français seraient ils sensibles à cette promesse de souveraineté, quand, pendant tout le temps qu'ils ont été nominativement souverains, ils ont attendu vainement qu'on leur expliquât comment ils l'étaient de fait.

Un grave doctrinaire se lève et nous dit le plus solennellement qu'il peut · Le peuple est souverain, mais il n'exerce sa souveraineté que par les électeurs, ces électeurs sont ses mandataires variables comme les propriétés qui paient une certaine somme d'impositions. Ils élisent des députés, et le peuple souverain regarde faire.

Il ne faut pas une grande perspicacité pour reconnaître que ce raisonnement n'est qu'une définition emphatique pour expliquer cette prétendue souveraineté du peuple qui, dans une monarchie de trente deux millions d'individus, ne peut être qu'idéale. Le peuple ne s'en croit pas même décoré, parce qu'il ne conçoit pas une souveraineté qui ne peut ni vouloir, ni agir. En supposant qu'il entendît clairement ce que peut être un souverain n'agissant pas par lui même, mais faisant agir par ses mandataires, à côté de cette pensée, se place celle qu'il emploie usuellement dans les affaires de son intérêt privé, que tout mandataire doit être indiqué par son mandant, et reste révocable à la volonté de celui ci Or, quatre vingt mille électeurs en France forment une faible fraction de trente deux millions d'individus, ils ont exclusivement une fonction à remplir, mais ils ne sont pas les mandataires du surplus de la nation considérée comme souveraine Ce peuple a donc bien entendu que, quand on le proclame souverain, ce n'est qu'un compliment qu'on lui adresse, comme on dit, en écrivant à l'homme qu'on estime le moins, qu'on est, avec estime et considération, son très humble et très obéissant serviteur Esaü vendit son droit d'aînesse pour un plat de lentilles il le donna à bon marché, du moins était ce un droit utile En Angleterre, dans les comtés où l'élection est populaire chaque électeur qui reçoit de l'argent, ou seulement son pot de drêche, ne prétend pas qu'il soit souverain, mais il exerce aussi un droit qui lui est utile

Cette prétendue souveraineté du peuple s'est donc bornée à augmenter le nombre des privilégiés qui nomment les députés et les membres des municipalités. Cela valait il encore qu'on fît une révolution nouvelle ?

Il est une autre innovation bien autrement importante que la proscription du droit divin et l'établissement de la souveraineté du peuple, qui est la véritable cause du renversement de la royauté légitime, quoiqu'on ne l'avoue point c'est le droit de gouverner, c'est le pouvoir exécutif transféré des mains du roi, à la chambre élective, sinon en totalité du moins en majeure partie Il faut prouver que cet envahissement a eu lieu de fait.

La Charte de 1814 consacrait cette idée principale le pouvoir exécutif appartient exclusivement et sans partage au roi, il l'exerce par ses ministres, les lois sont le résultat du concours des deux chambres et du roi Le monarque pouvait donc faire seul des ordonnances pour organiser l'exécution des lois et pour ce qui concernait leur application. Quant à ce fameux article 14 qu'on a prétendu être une réserve faite en faveur du pouvoir constituant, une sorte de droit de retour imposé comme condition à l'octroi de la Charte, il ne faut pas s'en occuper ici, par la raison qu'il ne forme qu'une exception.

Ainsi, la constitution des deux pouvoirs comme l'attribution des fonctions à chacun d'eux, étaient clairement et formellement établies. Mais on a oublié de mettre à chacun de ces deux pouvoirs, des digues qu'ils ne pussent pas dépasser, et dans le cas qu'il fallait nécessairement prévoir, de l'empiétement de l'un sur l'autre, d'un conflit qui naîtrait, quel en serait le juge ? sera-ce le roi ? Mais il est partie intéressée comme représentant seul l'un de ces deux pouvoirs. Sera ce le peuple ? outre qu'il est également partie intéressée, puisqu'il est représenté par l'une des trois fractions du pouvoir législatif, on devait connaître combien son intervention est dangereuse il casse, mais il ne juge jamais. D'ailleurs, n'étant représenté que comme un tiers dans le pouvoir législatif, il se trouvait à l'égard du système constitutif, en son entier, comme un est à six. Il est bien entendu que ce mot *peuple* est pris ici dans l'acception de ce que nous désignons par cette expression : la *démocratie*, car, dans l'acception vraie, le peuple comprend la nation tout entière et le roi même.

Aussi, dans cette constitution née de la Charte, ce n'était pas les hommes qu'on classait, c'était les opinions, et sous ce rapport, cette combinaison intellectuelle était admirable, mais les hommes sont remués par leurs intérêts leurs opinions sont ambulatoires ce qu'ils admiraient hier, ils le déprécient aujourd'hui. Il en coûte si peu pour dépouiller sa pensée de la veille et en adopter une autre ! Il fallait donc, comme nous l'avons déjà dit, ne pas se reposer après l'enfantement de la Charte, et par une création nouvelle qui ne demandait pas moins de génie, former des institutions appropriées, qui attachassent matériellement le peuple, toute la nation, à ce système de gouvernement Mais, nous dira-t-on, est-ce qu'on n'a pas fait des lois sur les élections et, plus nouvellement, l'organisation des administrations communales. Oui, mais ce ne sont pas des institutions qui saisissent personnellement et individuellement tous les membres de la grande famille, on s'est occupé beaucoup des députés, des électeurs, des élus pour administrer les communes. Tout cela ne forme pas une masse de trois cent mille personnes. La population de la France, on l'assure, est aujourd'hui de trente trois millions d'individus. A ces électeurs et élus dotés par ces lois qu'on nous vante tant, ajoutez tous ceux qui ont des places, et vous ne composerez jamais un million. Il y a donc trente deux millions d'individus qui ne sont pour rien dans ces brillantes conceptions, qui ne font que regarder et qui influent seulement par leur opinion ou personnelle, ou suggerée, opinion qui a la mobilité du vent et qui, peut être demain, influera dans un sens opposé. Au dessus des trente millions d'individus qui regardent, s'en trouvent plus de deux millions déclassés par la république, par le directoire, par l'empire, par la restauration, par la révolution de juillet. On ne peut rien pour ceux ci, et cependant ils veulent être quelque chose, ils cherchent leur place à travers les émeutes et les révolutions, et ils tenteront d'en faire jusqu'à ce qu'ils s'incorporent à la faction des satisfaits. C'est cette armée, toujours à la disposition de ceux qui l'enrôlent et qui la paient en espérances, qui a soulevé les barricades à Paris, qui a, dans les rues, affronté les balles de la garde royale, qui, des départemens, a trimé à Paris pour fournir les quatre vingt mille pétitionnaires départementaux, ce sont encore eux qui après qu'on a eu raboté la Charte de 1814, pour en faire la Charte vérité de 1830, qu'on a eu changé tous le système gouvernemental, demandent aujourd'hui l'exécution du programme de l'Hôtel de Ville, qui implorent la république, non comme système, mais comme changement, et qui prêteront encore les mains à réduire en pointe la république, si elle s'établissait, et cela, jusqu'à ce qu'ils trouvent ce qu'ils cherchent · de l'argent, des places et des honneurs. Mais comme toute révolution n'est qu'une mutation perpétuelle entre ceux qu'on dépouille et ceux qui prennent la place des dépouillés, il se recompose à l'instant une nouvelle masse d'aspirans à prendre. C'est le cercle vicieux, c'est une roue qui tourne, qui fait du chemin dans tous les sens, mais qui ne change pas de forme.

Tout cela explique assez clairement les causes de notre dernière révolution, mais notre thèse actuelle consiste à prouver que l'effet de cette révolution a été de transférer le pouvoir exécutif dans la chambre des députés.

L'adresse de 1830 impliquait positivement que la chambre élective devait avoir une influence sur l'administration, et toute la querelle consistait en ce que cette chambre ne voulait pas du ministère créé par le roi, et qui avait succédé au ministère Martignac. Elle refusait son concours, si le tiers du pouvoir législatif, en refusant ce concours, alors que les deux autres tiers ne peuvent le contraindre à le donner, se trouve avoir la faculté d'entraver le pouvoir exécutif dans sa marche, par la raison qu'il faut juger de la force, comme levier, par la pesanteur de la masse qu'elle soulève, c'est une conséquence rigoureuse que, dans ce cas, ce tiers seulement du pouvoir législatif réunit toutes les facultés, car il est plus fort que tout le reste, il comprime tout. La mutilation de la chambre des pairs en est une preuve bien surabondante, quand ce tiers avait commencé par renverser le trône légitime.

Cet inconvénient avait été prévu dans la constitution : le roi avait le droit de dissoudre les chambres et de provoquer de nouvelles élections; mais quand le monarque se trouvait attaqué par la faction si nombreuse des individus que nous nommons les déclassés, lesquels avaient pour organe la presse libre qui leur donnait une direction, des moyens d'action et de l'ensemble, provoquer ces nouvelles élections, ce n'était pas appeler.

Du parterre en tumulte au parterre attentif,

mais du tumulte à l'insurrection.

Qu'on entasse maintenant tous les sophismes qu'on pourra inventer, pour nous prouver que la France tout entière a voulu les journées de juillet et leur résultat, nous répondrons Vous pouvez mentir ; le moment actuel vous le permet, mais vous n'essaierez jamais de prouver ce que vous avancez avez-vous pris et recueilli les votes individuels ? Quand Bonaparte est monté sur le trône, il a réuni cinq millions de *oui*, et l'on a dit pourtant, et peut être avec raison, qu'il n'y a pas d'élection libre quand le candidat est armé d'un sabre, que Napoléon a été nommé empereur comme Charles Quint, par la terreur de son armée. Vous tenez aussi le pouvoir que n'avez vous tenté la même épreuve ? L'expression de la presse libre n'avait elle pas proclamé que vous ne réussiriez pas ?

On a consulté la nation, nous répète t on tous les jours, en lui demandant une nouvelle chambre, mais cette chambre n'est que le résultat des votes des électeurs, et nous avons prouvé qu'ils font une fraction extrêmement minime de la population. Les journaux ont consigné qu'en raison de la perturbation du moment, de l'exigeance du serment, un grand nombre d'entre ces électeurs a refusé de concourir à ces nominations. Est il sorti de ces élections une unanimité ? Non, certes ; mais seulement une faible pluralité, et tellement variable, qu'il suffisait d'une nuance d'opinion qui s'unisse subitement à l'une ou l'autre des couleurs tranchées, pour abattre lourdement un des bassins de la balance, et produire un effet bien inattendu. Cependant il s'agissait d'anéantir la Charte, de changer tout le système constitutionnel : c'était le moins qu'on demandât à un plus grand nombre de Français que ceux qui composent la catégorie des électeurs, si cela leur convenait, s'il leur convenait aussi que le pouvoir exécutif fût transféré des mains du monarque à la chambre élective, comme nous voulons prouver que cela a eu lieu.

Qu'est ce que le pouvoir ? C'est la réunion de deux facultés celles de vouloir et d'agir conformément à sa volonté, n'exécuter que la volonté d'un autre, ce n'est pas agir par son pouvoir, c'est se réduire à être un instrument un marteau n'enfonce pas un clou si la volonté de l'homme ne le fait pas agir, et, dans ce cas, le pouvoir appartient à cet homme et non pas au marteau. De cette définition générale arrivons à son application au gouvernement On comprend aisément que le pouvoir peut être dédoublé, un pouvoir fait les lois, un autre les exécute. Le pouvoir de faire les lois réside facilement dans plusieurs corps délibérans et une tête formant à elle seule un tiers de ce pouvoir, car ici il ne s'agit que de vouloir, de comparer le nombre des volontés, ce qui compose des délibérations. En ce sens, les corps, composés d'un nombre de membres, délibèrent, le tiers, composé d'un seul individu, ne fait que vouloir. Le second pouvoir, celui qui agit, ne fait qu'exécuter la loi, comme l'ouvrier bâtit sur le plan qu'on lui donne, mais, en exécutant cette volonté, considérée comme supérieure, encore faut il qu'il ait une volonté particulière, et la faculté d agir suivant cette volonté. c'est l attribut de la royauté dans nos deux Chartes de 1814 et de 1830.

Le roi, en qui réside ce pouvoir exécutif, ne peut l'exercer que par ses ministres. ceux ci sont ses mains, ou, plus exactement, les instrumens qu'il doit toujours employer, il a le choix de ses instrumens, et ce choix est la volonté du pouvoir. Si on le lui ôte, ou si on lui dicte ce choix, il n'a plus de volonté, il n'est plus pouvoir. Ce pouvoir passe tout entier à ceux qui ont dicté le choix du ministère, car ceux qui ont cette faculté se saisissent à l instant du droit d'agir, qui ne s'exécute que par les instrumens

On voulait arriver à réduire Charles X à cette triste nullité, il avait composé le ministère Polignac, que la chambre élective n'agréait pas, elle en voulait un qui fût plus exactement dans ses vues que le ministère Martignac. On ne pouvait rien reprocher au dernier, car, pendant près d'un an qu'il a existé, il n'a rien fait; et dans une grande crise, ne pas agir, c'est s'avouer vaincu ; ne pas réparer, c'est détruire. Cette inaction a fini par une tentative imprudente et sans préparation. La restauration est tombée avec la Charte, l'une et l'autre brisées en mille éclats.

Louis Philippe a recueilli ce funeste héritage. Si, comme dans la succession directe de son père, le prince Egalité, il s'est porté comme héritier bénéficiaire, l'inventaire a dû cruellement désappointer le collatéral.

Il est roi des Français. Aux journées des barricades,

<blockquote>L'épée a prouvé cette affaire</blockquote>

Son titre est le procès verbal de l'une des séances de la chambre élective; mais est il roi de fait, ou l'est il seulement de nom ?

Un roi, suivant la Charte, gouverne par ses ministres · nous avons prouvé que le roi n'est un pouvoir qu'autant qu'il a le choix libre des instrumens de sa volonté. Que le roi reste inviolable, que les ministres soient responsables, cela ne change rien à cette définition · c'est aux ministres à prendre sur leur responsabilité l'exécution des volontés du monarque, ou à lui rendre leurs portefeuilles.

Mais aujourd'hui qui pourra nous dire que le roi a une volonté, et que ses ministres sont le résultat de son choix libre? Ceux qui sont revêtus de ces hautes fonctions conviennent qu'ils ne peuvent rester au pouvoir qu'autant qu'ils ont pour eux la majorité de la chambre élective. Ce mot, *le pouvoir*, pour dire le *ministère*, a été accepté, et l'on a eu raison. Le pouvoir gouvernant ou le pouvoir royal réside plus réellement dans les mains des ministres que dans celles du roi. Mais ces ministres ne peuvent rien sans cette majorité de la chambre ils peuvent tout au contraire avec elle. Elle est donc la sommité gouvernementale où est la place du roi dans cette hiérarchie ? Lorsque M. Mauguin demanda des explications au ministère sur les situations extérieure et intérieure de la France, on délibéra pendant quatre jours, la discussion fut partagée · on examina l'intérieur, puis l'extérieur, et, sur l'un et sur l'autre, on passa à l'ordre du jour.

Nous pensons que le résultat réel de cette délibération a effectivement annulé la royauté, car si la chambre n'eût pas passé à l'ordre du jour, elle eût contraint la couronne à nommer un autre ministère, il eût même fallu traiter avec elle pour le composer suivant ses opinions. Et si cette majorité se fût composée d'individus déjà lassés de la royauté, force eût bien été de prendre des ministres de cette opinion, et puis, ceux ci et leur majorité, pour supprimer le trône et la royauté, n'avaient qu'un message à envoyer à Louis Philippe afin de lui enjoindre d'abdiquer . il aurait obéi comme l'a fait Napoléon en 1815. Ainsi nous avons eu raison de dire que les changemens faits à la Charte ont eu pour principal objet de transférer une portion du pouvoir administratif dans la chambre élective, il y est de fait, quoi qu'on dise que ce n'est qu'un droit de contrôle.

Il y a pourtant quelques issues par lesquelles on croit que cette royauté peut se sauver. Elle a la faculté de proroger les chambres, et, de cette manière, elle change les données qui composent une chambre qui l'entrave. En présence des journaux, de la presse libre, de l'opinion publique, employer ce moyen ! la chûte du trône légitime, dans une pareille situation, en dit, à cet égard, plus que tous les raisonnemens qu'on pourrait faire.

Du moins, entre les sessions, cette royauté peut respirer, préparer ses moyens et amasser des forces. Mais l'opinion publique et la presse seront toujours là, la faction des mécontens et des déclassés ne sera pas désarmée. Ils enregistreront les actes quotidiens de cette royauté, et composeront un acte d'accusation, sur lequel la chambre élective devra prononcer comme un jury, du moment qu'elle sera formée, et devant laquelle le roi, en la personne de son ministère, comparaîtra comme un prévenu. Les derniers momens de la restauration ont encore prouvé que, malgré les belles fictions politiques, quand le gouvernement est attaqué, cette royauté ne peut s'envoler dans une haute région, pour, de ce point inaccessible, voir les combattans descendre ensuite, et s'abattre sur les têtes des vainqueurs. Qu'on argumente comme on voudra pour dire que ce dernier événement est une exception au principe, celle-là ne confirme pas la règle, car tous les événemens possibles composeront des exceptions.

La chambre des pairs, comme on l'a formée, sera un contre poids à la mobilité de l'opinion de la chambre élective. Composez cette chambre comme vous voudrez : de pairs héréditaires ou de pairs à vie, de pairs nommés par le roi ou nommés par les électeurs, pris çà et là dans des catégories, vous n'en ferez jamais autre chose qu'une planète réfléchissant faiblement les rayons de la chambre élective, laquelle dira toujours qu'elle représente l'opinion publique. Avoir la pensée d'en former un jour un sénat constituant, afin d'arriver à revêtir la royauté de la dictature des coups d'état ! on conçoit qu'on en peut faire qui soient salutaires, quand ce ne sont que des coups de force qui font agir les roues du char, qui ont peine à surmonter une éminence, et qu'on ne brise rien de ce qui existe. Mais ici ce serait la constitution qu'il faudrait changer, et, d'une royauté constitutionnelle, en faire un despotisme atroce. M. de Châteaubriand, dans son dernier ouvrage, n'a vu d'avenir pour la France, que la destinée de subir une république, et d'être ensuite jetée sanglante sous le sabre d'un usurpateur. Nous ne croyons pas, si un grand malheur nous menace, que ce soit celui-là que nous ayons à redouter. Un despote civil serait un Robespierre, et, au moindre indice de son intention, il s'élèverait contre lui autant de clameurs, de bras et de poignards qu'il y a d'individus en France : on n'attendrait pas qu'il fallût que le pistolet d'un gendarme lui fracassât la figure. Un despote en uniforme et à sabre! Napoléon reviendrait avec son armée qu'il ne se recommencerait pas ! (1)

Passant de notre situation politique à notre situation intérieure et à notre position nationale, à l'égard des puissances de l'Europe, pour rechercher quel bien a produit pour le peuple les changemens faits à la Charte de 1814 et le renversement du trône légitime, dire qu'on a mis la misère où régnait l'abondance, le trouble et l'inquiétude où régnait la sécurité, les émeutes et l'insurrection presque permanente où régnait l'ordre; la crainte d'une guerre extérieure, aussi longue, aussi cruelle, aussi dévastatrice, aussi envahissante que celle

---

(1) Il circule déjà dans le public que l'intention du ministère actuel serait d'apporter quelque restriction à la liberté de la presse, et de s'émanciper de la portion de surveillance administrative que la chambre a saisie et veut garder Nous pensons que ce sont de faux bruits accrédités par la peur Que le peuple français, après les journées de juillet, souffre qu'on attente à la liberté de la presse en manière quelconque Cette idée seule fait, de honte, monter la rougeur au front Que la chambre se laisse dépouiller de son initiative, ou de son droit d'influence sur la marche administrative, que restera-t-il donc de la Charte vérité ? On en reviendrait à la Charte de 1814, entendue comme le voulait le ministère Polignac, il ne fallait donc pas faire la révolution de juillet Si le peuple n'entend pas comme les écrivains, la liberté de la presse, il entend bien la liberté de lire Qu'on respecte la royauté, il en comprend encore la nécessité mais il ne peut oublier ce qu'on lui a dit tant de fois, qu'il faut que dans toutes les contestations politiques, cette royauté s'isole. Quant à MM. les ministres, *par pari refertur*, ils ont prétendu quand ils étaient administrés, que les ministres sont faits pour les *menus plaisirs* des écrivains. Ils trouvent cela dur aujourd'hui qu'ils administrent, mais c'est la loi du talion Qu'ils prennent le ton bien haut dans la chambre, soutenus qu'ils sont par leur majorité, il est en dehors une autre majorité qu'ils ne domineront pas facilement. elle pourrait envoyer aujourd'hui à chacun d'eux, un exemplaire d'une gravure représentant la vue du château de Ham

qui a bouleversé l'Europe, à la place de l'assurance d'une longue paix, que des traités garantissaient, que la France, devant les puissances étrangères qui la menacent de leurs nombreuses armées, est aujourd'hui flétrie, humiliée, quand M. de Châteaubriand convient qu'elle était respectée, admirée, qu'elle pouvait obtenir, avant peu, une augmentation de territoire nécessaire à la sûreté de ses frontières, que sa prospérité, toujours croissante, était presque un sujet d'inquiétude pour les étrangers, c'est répéter ce que tout le monde dit, dont tout le monde convient, même ceux qui se proclament orgueilleusement les artisans de la fameuse catastrophe de juillet. Cela est vrai, ajoutent ils, mais vous verrez dans vingt ou trente ans, quand vous aurez bien connu les principes d'un gouvernement constitutionnel. A la bonne heure, si nous y sommes! Apparemment les espérances et les chimères sont aussi une monnaie à laquelle l'on peut donner un cours? Mais en 1830, nous tenions...... En 1860, notre éducation politique sera t elle achevée? Il faut convenir que le peuple français est un élève dont l'intelligence est bien lente : il y a quarante ans déjà qu'on travaille à son éducation, et il faut toujours recommencer?

Pourtant cela existe ainsi en Angleterre. Le roi subsiste, quoiqu'il ne soit pas grand chose, s'il est même quelque chose, les chambres des pairs et des communes gouvernent, et elles sont elles mêmes gouvernées par l'opinion publique. Pourquoi n'aurions nous pas ce qu'ont les Anglais, et même mieux, car nous prenons le bon et nous écartons les inconvéniens.

Voilà l'argument toujours employé, hasardons une réponse.

Le gouvernement anglais n'est ni une royauté, ni une démocratie, c'est une pure aristocratie. Les aristocrates possèdent la terre, et les racines de leur droit s'enfoncent dans une vieille féodalité réelle, les priviléges mêmes de certaine portion du peuple sont des monumens attestant cette féodalité. Les Anglais préfèrent l'utile à l'honorable, c'est un caractère de leur génie national : aussi la noblesse anglaise a t elle, la première, foulé aux pieds ce préjugé qui interdisait le commerce à tout homme titré par sa naissance dans son intérêt, elle a bien fait. Le commerce enrichit plus rapidement que les économies d'un propriétaire. Le commerçant opulent aurait effacé le pair, et bientôt il aurait aspiré à le remplacer ; car la possession de l'argent ne remplit pas, à elle seule, toute la capacité de la vanité humaine. L'aristocratie, propriétaire de la terre, a usurpé le grand commerce, comme elle a envahi tous les priviléges de la couronne ; elle a conservé le roi, il est son prête nom, moyennant une bonne pension, à peu près comme notre ancienne ferme générale en avait un. On lui rend de grands hommages ; à son sacre, on le sert à genoux, parce qu'il est bon que le peuple croie à la royauté ; mais les pairs n'en sont que les dévôts hypocrites, ils ne croient point à cette royauté, et ils lui rendent un culte de latrie. Quant au peuple, il n'est rien, il abuse de la liberté de se plaindre, de crier, de s'insurger, de casser des vitres, de jeter de la boue, de briser les machines dans les fabriques, d'abattre même des maisons ; mais, quand il veut s'infiltrer dans quelques rangs, et surtout dans la politique, il rencontre toujours cette implacable aristocratie, elle est dans le haut commerce, dans l'armée, dans les élections, partout enfin. Quel est donc ce système de gouvernement qu'on nous a vanté si long-temps, qui régit un pays où, sous peine de périr, il a fallu établir l'impôt des pauvres ! qu'elle est cette constitution de laquelle on a dit que la partie la plus saine, ce sont les bourgs pourris ! Si quelques plébéiens parviennent, ce sont des Cicérons admis dans le sénat de Rome et qui en prennent l'esprit. Cette aristocratie contient une opposition, mais elle est purement systématique ; les individus qui la composent n'ont pour but que d'approcher du noyau gouvernant, mais elle se réunit à la masse quand cette masse est attaquée. Ce peuple, pourtant, nous répète t on, est le plus libre de l'Europe, il peut écrire, se plaindre et crier.

Mais le patient, sous la main du bourreau qui le torture, a aussi la faculté de crier et de se plaindre.

Cette population de non titrés, de non propriétaires, d'ouvriers nombreux, qui, subitement, tombent dans la plus épouvantable misère, donnent toujours un grand embarras à ses gouvernans. De là, les efforts qu'ils font pour agrandir le commerce, l'étendre surtout à l'extérieur, occuper les individus et les lancer sur des plages lointaines. Un de leurs moyens est de semer le trouble dans quelques parties du monde et surtout en Europe, parce que, pendant que les étrangers se battent ou se disputent, ils établissent un de leurs comptoirs, l'objet de la discussion qu'ils ont apporté devient ensuite ce qu'il plaît aux événemens. Ce gouvernement ressemble assez, sous ce rapport, au démon qu'un de leurs poètes, Milton, a peint, il sort sa tête et ses bras immenses du milieu des flots soulevés, et, déployant ses ailes qui paraissent envelopper l'espace, il explore tous les lieux et va porter le trouble et le malheur où résident la paix et l'innocence. Depuis plus de cinquante ans, est il une insurrection populaire qui n'ait vu des Anglais au nombre des agitateurs. Pour ce qui nous concerne, si l'on remonte aux premiers momens de notre révolution, et qu'on descende jusqu'aux journées de juillet, soit qu'ils aient favorisé l'un ou l'autre partis, ils ont toujours été les ennemis acharnés de notre pays. Le premier individu qui a été tué dans la rue Saint Honoré par la garde royale, dans la première des journées de l'insurrection de juillet, est un Anglais nommé Fox (1), il avait tiré par sa fenêtre sur des gardes royaux dont les armes étaient en faisceaux.

Quand on annonce, dans le parlement d'Angleterre, que le peuple éprouve une grande gêne, que la misère et le besoin

---

(1) On a prétendu qu'il n'é ait point de la famille du fameux Fox; que son nom, malgré la similitude de consonnance, ne s'écrivait pas de même. Cela peut être, mais ne change rien à notre argumentation.

peuvent provoquer des insurrections, bientôt après, dans un pays étranger quelconque, s'élèvent ces étincelles, au milieu d'un tourbillon de fumée, tristes précurseurs d'un incendie.

Depuis notre dernière révolution, la conduite de ce peuple a-t-elle été claire et franche envers la Pologne, la Belgique et nous? Les meneurs des journées de juillet ont parlé de la sympathie des Anglais pour cette révolution. Les Anglais, de la sympathie pour un peuple étranger! S'il en existe, elle est semblable à celle du loup pour la brebis.

Depuis près de deux siècles, sa politique ressemble beaucoup à celle de Philippe II, roi d'Espagne, tant envers la France qu'envers les autres peuples de l'Europe. Voici le portrait qu'Anquetil fait de ce prince dans son *Histoire de France*. *Mutato nomine*, la ressemblance est frappante.

« Assez et trop long temps Philippe II, abusant de la crédu-
» lité des Français, les avait, pour ses seuls intérêts, fait
» combattre les uns contre les autres sous les drapeaux de la
» religion. Tranquille dans sa cour, ce monarque, du fond de
» son cabinet, envoyait la discorde chez ses voisins, jamais
» il n'était plus heureux que lorsque l'étendard de la révolte
» était levé dans un pays, et que ses malheureux habitans,
» saisis d'un esprit de vertige, s'entredéchiraient, victimes de
» l'erreur et du préjugé. Aussitôt, ses troupes partaient assez
» fortes pour attiser le feu, toujours trop faibles pour
» l'éteindre. Ses trésors s'ouvraient à la perfidie qui révèle les
» secrets, à l'enthousiasme qui soulève les peuples, au fana-
» tisme qui poignarde les rois. Il comptait pour rien ses
» propres pertes, quand elles avaient été ruineuses aux autres.
» Prodigue du sang de ses sujets, Philippe II regardait les
» hommes comme nés pour servir, son ambition et la victoire
» n'aurait pas coûté un soupir à ce barbare s'il eût pu, sur
» des monceaux de cadavres, monter au trône de l'univers. »

Toujours est-il que rien n'est semblable en France et en Angleterre, et que, ce qui, dans un de ces pays, produit un effet salutaire, peut être, dans l'autre, une cause de ruine et de dissolution, que c'est l'effet de l'ignorance ou de l'irréflexion de vouloir faire, en France, ce qu'on fait en Angleterre, quand, dans le premier de ces pays, il n'y a pas un seul des moyens de conservation qui existent dans l'autre.

Nous croyons avoir bien prouvé que, par l'effet de la dernière révolution, par les changemens faits à la Charte de 1814, par la manière dont la chambre élective entend la nouvelle Charte et l'exécute, par son vote sur la pairie, on a annulé non-seulement le pouvoir royal, mais que cette chambre élective est devenue le seul vrai mobile de gouvernement. On dit que cette chambre est une Convention au petit pied, c'est moins que la Convention, car cette assemblée était permanente, et elle avait compris que, pour garder les pouvoirs au moins pendant quelque temps, il fallait qu'elle les déléguât à ses comités de sûreté générale et de salut public, qui exerçaient une action gouvernementale, sans contrôle, sans s'aheurter contre aucun veto, non-seulement sur la France entière, sur l'armée, mais encore sur elle même. On a horreur, aujourd'hui, de ce despotisme exercé par plusieurs, il est mille fois plus sanguinaire que celui d'un seul : cela est vrai. On fait autre chose, mais on ne fait pas mieux. Il n'y a pas, dans ce qui existe aujourd'hui, de combinaison possible pour donner au gouvernement de l'accord, de la force, de l'énergie, du ressort, les avantages d'une préparation quelconque dans le secret de la méditation. Un changement, pour peu qu'il soit notable, changera l'essence et la nature de ce gouvernement; il ne sera plus lui. Attendons : le temps est constamment en travail; il agit sur les hommes malgré eux, sur leurs pensées, sur leurs actions, sur tout ce qui les touche ou qui les environne de loin ou de près.

Quant à notre position à l'égard des puissances étrangères, l'enthousiasme des journées de juillet est attiédi, s'il n'est éteint; ce qu'elle a produit d'illusion est dissipée, la France reste en présence de ses innovations, de son gouvernement sans énergie, de ses institutions systématiques, et qu'aucune espérance ne justifie, en présence des émeutes qui agitent Paris et les départemens; en présence de plusieurs partis qui veulent dominer en montant les uns sur les autres, en présence de son commerce anéanti, de sa propriété foncière et mobilière grevée d'une masse énorme d'impôts; en présence enfin du monceau des débris de tout ce qu'elle a brisé.

Ce qu'on voit qu'elle éprouve est, pour les étrangers disposés à l'imiter, une leçon plus persuasive que tous les raisonnemens qu'on pourrait faire. Si les puissances étrangères ont eu cette prévision, elle en vaut bien une autre.

Un parti, chez nous, voudrait la guerre; le gouvernement actuel veut *la paix à tout prix;* nous pensons qu'il ne peut agir autrement sans violer les lois de la prudence; et nous le pouvons, non en reproduisant tous les raisonnemens que les ministres et les partisans du juste milieu ont étalés à la tribune; mais par des argumens qui nous paraissent plus décisifs et qui composent sûrement le fond de la pensée du ministère.

Si notre armée franchit nos frontières, et que nous subissions un désastre comme celui de Waterloo, en raison du nombre de soldats ennemis qui peuvent à l'instant envahir la France, ce désastre aurait le même résulat : notre armée pourrait être refoulée jusqu'à Paris, où les ennemis entreraient avec les fuyards. On ne comprend pas assez que, pendant toute la révolution, nous n'avons eu à combattre seuls contre toute l'Europe qu'en 1813 et 1814, et une seconde fois en 1815, et que tant que cette coalition a été compacte, a agi de concert, et qu'elle a tendu vers la capitale de la France, nous n'avons pu nous défendre.

Si nous attendons qu'on nous fasse une guerre d'envahissement, et que nous nous tenions chez nous sur la défensive, nos armées, non désorganisées et démoralisées par une première défaite, opposeront une plus énergique résistance, la

France deviendra le théâtre de la guerre, elle souffrira beaucoup, mais enfin elle ne succombera pas à un coup de main.

Il est une autre chance de succès que l'expérience indique et que le gouvernement actuel de la France veut sans doute se réserver.

Dans toute position difficile, c'est beaucoup que de gagner du temps.

Une coalition de toutes les puissances de l'Europe a pu, bien des fois pendant la révolution, se former contre la France. Napoléon la détruisait en tombant comme la foudre sur la première nation qui se mettait en ligne, il la culbutait, et la contraignait à signer la paix, avant que les autres pussent la secourir. C'était le feu qui appartenait au plus tôt prêt, et c'était toujours à lui. Mais, dans les circonstances actuelles, cette coalition, née des traités existans, a pu se former avant que nous fussions en mesure de la dissoudre. Ce n'est plus avec le tonnerre que l'aigle porte dans ses serres qu'il faut la réduire en poudre. c'est en la minant à l'aide du temps. Cette coalition compacte, qui n'agit point, peut elle durer long temps ? Un décès, un événement, un intérêt né d'un moment, l'occasion de faire valoir un intérêt ancien, peut la dissoudre. la France, qui a long temps supporté l'obéissance, les humiliations, l'abjection même, peut laisser penser à une ou plusieurs de ces puissances, qu'elle n'est plus redoutable. Qu'une d'elle se sépare un moment des autres, et la France se relève, grandit comme un géant, de sa lourde massue elle les écrasera les unes après les autres. Le chemin des capitales lui sera encore ouvert. elle peut le parcourir sans guide.

Il n'y a que cette objection à faire si notre révolution de quarante ans a instruit les peuples, elle a dû apprendre quelque chose aux têtes couronnées.

Cela ne veut pas dire que nous résisterons incontestablement à un envahissement qui serait exécuté sur le plan que l'Europe a suivi en 1814, mais seulement que la guerre défensive, nous présente plus de chances de succès qu'une guerre offensive ; ajoutons que, quand on ne nie point que la population de la France soit divisée en plusieurs partis, il est du moins certain que tous, même celui de la monarchie déchue, se réuniraient pour combattre les étrangers apportant chez nous le désastre et la dévastation.

Puisqu'il peut donc s'agir un jour pour nous de défendre notre territoire, il est bon de rechercher quelle est la situation par rapport à nous mêmes, quel est l'état de l'opinion publique et la position respective des différens partis.

D'abord, en combien de divisions se fractionne actuellement l'opinion publique, en France?

On conte 1° le parti du gouvernement actuel, c'est celui qu'on désigne sous les dénominations *du juste milieu*, de la *quasi légitimité*, enfin des *doctrinaires*. Le premier rang, dans cette énonciation, lui appartient, car c'est celui qui possède le pouvoir, 2° le parti *du mouvement*, ce sont ceux qui professent l'opinion qu'au lieu d'attendre qu'on vienne nous attaquer, nous devons nous ruer sur l'Europe, y propager les principes actuellement dominans en France, et devancer le cours du soleil, au char duquel (comme on le disait autrefois, comme on l'a répété dans ces derniers temps) est attachée notre révolution, qui fera le tour du monde ; 3° le parti bonapartiste : ceux ci appellent de leurs vœux Napoléon II ils prétendent qu'il est né sur le trône que, fils d'un père souverain par l'élection du peuple, c'est une *légitimité entière*, par opposition à la *quasi légitimité;* 4° les amateurs de la plus entière démocratie · ils ne veulent pas une république, parce qu'ils conviennent que l'expérience a prouvé qu'elle ne peut s'établir en France ; mais ils demandent l'accomplissement du programme de l'*Hôtel de Ville de Paris*, ce qui n'est qu'un mot de ralliement comme il en faut à tout parti. on l'adopte, mais on n'est pas obligé de le définir, 5° celui que le gouvernement actuel a désigné comme composé de toutes les ambi tions déchues, ou plutôt frustrées lors des journées de juillet ; c'est celui que nous avons autrement désigné comme la faction des *déclassés*, de ceux qui veulent à tout prix, prendre une place dans un ordre de choses quelconque, 6° enfin, et il faut bien le compter, le parti de la légitimité déchue. Qu'on prétende qu'il soit composé d'un nombre d'individus extrêmement minime, puisqu'ils ont une opinion à part, ils forment un parti, une fraction de l'opinion. Encore qu'on affecte de le mépriser, on l'a triplement baptisé des noms de *légitimistes*, de *carlistes* et de *henriquinquistes*. Pour le mot *gérantocrates*, il est tombé à plat ; l'auteur l'a retiré.

Personne assurément ne contestera l'existence de ces six partis, puisque ceux qui les composent, adoptent publiquement ces dénominations et les opinions qu'elles représentent. Mais forment-ils autant de factions ? Nous définissons par ce mot *factions*, ceux qui sont déterminés ou disposés seulement à agir, au lieu que les autres ne font que professer des principes qu'ils ont conçus, ou qui leur ont été communiqués. Ceux-ci, sans doute, sont au-dessus de toutes poursuites par le gouvernement, ils sont *intangibles*, car la liberté de penser et d'exprimer verbalement sa pensée est une faculté que l'homme tient de Dieu et de sa nature, et que les lois humaines ne peuvent modifier. Il faut convenir que tous les gouvernemens sont fort coulans à cet égard, ils ne s'occupent guère que de ceux qui veulent agir. C'est le fond de ce mot du cardinal Mazarin . *Puisqu'ils chantent, ils paieront.*

A l'aide de cette définition que nous croyons vraie, nous allons trouver combien il y a de factions dans ces six partis.

Les *quasi légitimistes*, le *juste milieu*, les *doctrinaires* enfin, ont agi, ils tiennent aujourd'hui, ils sont par conséquent sur la défensive. Ils étaient à la tête de ceux qui ont brisé le trône légitime aux journées de juillet ; et, si l'on veut, ils sont arrivés les premiers, ils se sont retournés et ils ont dit à ceux qui les suivaient · « *Les places sont prises, reculez vous autres, et recommencez à être peuple.* » Là s'est faite la séparation entre ceux qui prenaient et ceux qui voulaient prendre. Ces derniers ont été constitués en état d'aggression. Ce sont donc de ces aggresseurs que nous avons à nous occuper.

Il faut encore subdiviser ceux ci, et voir quels sont ceux qui pensent à agir et ceux qui attendent l'événement pour en profiter, comme dans les derniers temps on a sagement établi une grande différence entre ceux qui forment les émeutes, ceux qui viennent y prendre part et ceux qui s'approchent pour regarder. Quand ces élémens sont réunis, ils forment une masse énorme, mais l'observation analytique n'y trouve toujours qu'un noyau composé d'individus peu nombreux.

La nuance est bien faible entre les partis du *mouvement, de Napoléon, des démocrates*, et des frustrés de juillet. Il semble même que ces classifications résultent moins des intentions et des désirs, que des positions où se sont trouvé les individus ; mais, dans la vérité, ils s'entendent tellement entre eux, qu'ils sont perpétuellement sous la même bannière, ils raisonnent chacun à leur manière, mais comment seraient ils en désaccord ils se font mutuellement toutes les concessions . en fait de principes, ils n'ont pas d'intérêt de s'en réserver aucun. Un seul leur est commun, c'est celui ci : Arrivons.

Les républicains conviennent que la révolution a prouvé qu'une pure république ne peut s'établir en France. On leur démontre qu'ils ont aujourd'hui, avec un roi tout constitutionnel, une démocratie réelle Ils ne sont pas contens, c'est qu'ils n'osent pas dire ce qu'ils veulent. Les napoléonistes ne se présentent point comme partisans de la république Le moyen de l'invoquer, quand on a dit jadis, alors qu'on était républicain, que les croix et les cordons sont les *hochets du despotisme*, et qu'on en est encore chamarré aujourd'hui ! Ils appellent Napoléon II, avec moins de franchise encore que les autres invoquent cette république, car ils savent bien que l'Allemagne ne se dessaisira pas dans ce moment du moins, d'un ôtage qui, à sa naissance, a été salué du titre de roi de Rome ; et, quand la combinaison des événemens l'amènerait en France, qui garantit qu'il ne sera pas plus Allemand que Français? Les impressions de l'enfance sont ineffaçables, c'est pour cela que l'éducation décide toujours de la conduite que tiendront les hommes.

Après Napoléon II, aucun membre de la famille n'a assez de popularité acquise pour prétendre à dominer en France. Il serait même un usurpateur du trône impérial, ou nous aurions une autre nature de quasi légitimité. Ce nouveau venu s'intitulerait il lieutenant général pour un souverain prisonnier qui ne devrait jamais être mis à rançon ? Ce serait l'absurde placé sur le trône, et ce parti qui paraît le plus éclatant de tous, est réellement le plus faible, car il est abandonné de tous ses chefs, qui ont gardé sous la restauration, tout ce qu'ils possédaient, et qui, s'ils n'ont pas manifesté pour cette restauration une héroïque et peut-être inutile fidélité, se sont moins compromis dans nos derniers événemens, il faut le dire, que plusieurs des membres de notre antique noblesse.

La faction du mouvement et celle des ambitions frustrées sont positives. Ceux qui brandissaient leurs épées sur les barricades de juillet, ressemblent à ce soldat de Clovis, après la bataille : ils veulent le partage égal du butin. Les autres, n'ayant pas des droits aussi récens, voudraient que l'Europe fût encore à diviser en royaumes, en gouvernemens, en préfectures et en majorats : de manière qu'on comprend très bien que le fond de la pensée de tous ces agitateurs, c'est de se classer. Ils sont donc tous réellement du parti que nous avons indiqué, seulement ils se sont rangés sous des dénominations différentes.

Reste le dernier parti : les légitimistes. Ils sont en si petit nombre, qu'on doit les mépriser, dit on. Voyons si cela est vrai. Si l'on peut estimer la force d'un parti par le bruit qu'il produit, ce parti est réellement excessivement minime, mais il ne peut en être autrement, puisqu'il est comprimé, puis que rien de ce qui existe ne doit lui convenir, et qu'il faut, pour qu'il s'unisse à la quasi légitimité, qu'il déserte la légitimité. Cela tient au caractère national, les Français en général répugnent à la désertion. Il ne peut agir, car son intérêt bien entendu est de laisser faire et d'ouvrir silencieusement ses rangs à ceux qui veulent venir s'y abriter, s'il entrait en lice, il ne ferait aujourd'hui que produire une guerre qui donnerait de la force à tous les partis opposés au gouvernement actuel, mais dont l'issue lui serait fatale. C'est ce que comprennent très-bien ses ennemis en le provoquant toujours, et il a raison de répondre à ses provocateurs, comme ces anciens généraux prudens à qui on demandait jour pour la bataille, et qui répondaient : *Je ne prends pas conseil de mes ennemis*. Mais si l'on compte les voix qui ne crient point sur les places publiques, qui expriment seulement dans l'intérieur des familles, leurs besoins et leurs pensées, et qu'on y joigne celles des hommes qui comparent les temps et les situations, qui regrettent une longue paix assurée, la prospérité de nos finances et celle de notre commerce, un avenir qui ne portait aucun effroi dans l'imagination, on voit qu'il est bien plus nombreux qu'on se l'imagine.

Dans l'ivresse des journées de juillet, on disait, *Où sont ils ces royalistes ?* Ils ne pouvaient pas figurer sur les barricades Ils ne pouvaient pas non plus s'opposer à rien de ce qu'on faisait. Il y avait bien long temps que la restauration les avait repoussés. En se chargeant seule de les défendre, elle s'est laissé vaincre ; ils n'ont donc été vaincus qu'en la personne de leurs mandataires, et ces mandataires, ce sont tous les ministres qui se sont succédé depuis 1814 ( ).

Mais leurs antagonistes aujourd'hui ont bien changé de lan

(1) Il nous semble qu'un journal royaliste, *la Gazette de France*, l'a parfaitement démontré On le désigne tous les jours dans les écrits révolutionnaires sous des dénominations ridicules, cela n'empêche pas qu'il faille convenir de la supériorité de sa rédaction, il la doit d'abord au talent de ceux qui y coopèrent, et ensuite à la cause qu'il défend Il se trouve dans une position raisonnable il met à profit le passé, le présent et surtout les

gage ! et comme les extrêmes se touchent, ils voient ces légitimistes partout, et certes où ils ne sont pas. Dans le cabinet de Louis Philippe, dans les administrations, dans les tribunaux, dans les départemens de la Vendée, de la Bretagne, dans tous ceux des anciennes provinces au-delà de la Loire, à Genève, en Espagne; il semblerait, à les en croire, qu'ils forment plus des trois quarts des Français.

Tout cela n'est qu'une autre exagération.

absurdes raisonnemens, que ses adversaires sont réduits à employer.
On croirait qu'il est encore sous l'influence de M de Villele. sans nommer cet ancien président du conseil, il défend le système qu'il a suivi.

Dans un de ses articles les plus remarquables, il veut prouver que l'intention de ce ministère, a été de fonder le trône légitime sur les plus larges concessions des libertés publiques, mais qu'il a trouvé des obstacles insurmontables qui lui ont été opposés par les anciens révolutionnaires restés trop puissans après la restauration ; par la chambre des pairs, dont l'opinion avait été brisée, au moyen de la fournée introduite par M Decazes, enfin, par une opposition qu'on formait dans une haute region, qu'il a dû d'abord s'occuper de rendre nos finances florissantes

Nous convenons que ces excuses sont admissibles, même nous les croyons fondées Il a rendu nos finances prosperes par l'exacte régularité qu'il y a introduite : cela est certain, et le résultat qu'il a obtenu n'a pas étonné seulement la France et l'Europe, mais a excité l'envieuse jalousie d'un peuple resté le plus cruel ennemi de la France. Il n'y a que la plus insigne mauvaise foi qui ose le nier.

Qu'il ait trouvé des obstacles insurmontables, qui l'aient obligé d'ajourner l'établissement des institutions pour assurer l'établissement de la Charte, nous convenons que cela peut être ; en ce cas, il aurait dû le publier et déposer son portefeuille. Qu'importe ce qu'il en serait arrivé? Un ministre qui marque, ne vit pas seulement pendant son existence, il doit penser à celle qu'il aura dans la postérité, il n'a pas assez combattu, et son ministère a été flétri de l'épithète de *deplorable* C'est une des premières expressions vagues et sans définitions possibles, que les ennemis du trône ont inventées L'auteur de cet article de la *Gazette*, verra que nous l'avons bien compris, et que nous concevons de quelle nature était cette opposition d'une région elevée qu'il dit que le ministre a rencontrée

Pour nous, résumant ce que nous avons développé à cet égard, nous arrivons à ce résultat :

Il y a en France une masse d'individus déclassée par nos successives révolutions ; elle est augmentée d'une autre masse sortie de la génération nouvelle, composée de jeunes cerveaux échauffés par les fumées de l'ambition. Tant de mouvemens, tant de succès inespérés, tant d'avocats devenus ministres, n'a fait qu'augmenter ces fièvres cérébrales.

C'est cette masse qui a poussé la restauration, tantôt dans un sens, tantôt dans l'autre, et qui l'a renversée, c'est elle aujourd'hui qui agite l'opinion publique, et qui ébranle tous les jours le nouvel ordre de choses.

Sous peine de périr dans peu de temps, tout gouvernement établi en France doit l'occuper. C'est à lui de créer les institutions qui atteignent ce but.

Mais, nous répondra-t-on, dans tous les pays, il y a une quantité d'hommes désœuvrés, que le commerce ou l'industrie ne peuvent employer ; les lois répressives les contiennent, et l'État ne tremble pas pour cela sur sa base. Prenez garde ! ce ne sont pas là les hommes que nous désignons. Ceux ci, sont les vagabonds, les paresseux, les indolens, les vicieux ; c'est leur faute, s'ils n'ont pas de places dans les rangs de la société. Ils appartiennent à la police, en guerre avec cette société, ils sont par leur conduite hors de la civilisation, mais les autres sont de fort honnêtes gens, ils ont des talens et surtout de l'instruction ; ils ne sont rien moins que ce qu'on nomme la populace. Employés, ils deviennent les ornemens de la nation, négligés, repoussés partout, ils remuent et ébranlent. Si ce ne sont pas eux qui ont fait feu sur la garde royale, ce sont eux qui ont dirigé les combattans. Non qu'ils fussent animés de haine contre le prince régnant ; non qu'ils crussent que les franchises et les libertés nationales étaient en péril : ils sont trop instruits pour le penser, ils le disaient seulement pour légitimer l'insurrection. Ils ne voulaient qu'un changement dans l'ordre des choses, qui en amènerait un dans leur situation individuelle, et la preuve, c'est que leurs premiers cris étaient moins pour le changement de plusieurs dispositions de la Charte, que pour la destitution de tous ceux qui possédaient des places. On a bien fait une Saint Barthélemi de fonctionnaires publics, mais il n'y a eu qu'un petit nombre d'élus qui en aient profité. On voudra bientôt la suppression de tous les privilèges : des charges de notaires, d'avoués, d'huissiers, de commissaires priseurs, d'agens de change, de courtiers, etc. La Constituante l'a fait, pourquoi ne le referait on pas aujourd'hui? Est ce que ce ne sont pas des privilégiés mieux pourvus que l'ancienne noblesse ? N'exploitent-ils pas exclusivement, qui, le monopole des actes authentiques, qui, celui de la procédure judiciaire, qui, celui des transactions commerciales, qui, celui des ventes publiques d'objets mobiliers? Et le but de toutes ces innovations sera toujours de donner à ceux qui n'ont pas. C'est ainsi que tout roule depuis 1789. Le peuple qui le voit, a dit qu'une révolution n'est que cela: *ôte toi de là, que je m'y mette.*

Mais pour ce qui regarde le prince qui régnait, quel reproche pouvait on lui faire? Était il un tyran ? A t il opprimé le pays? On ne l'ose pas dire même aujourd'hui. Il a signé les fameuses ordonnances qui créaient une censure pour les journaux, et qui modifiaient la loi des élections. C'est un acte extra légal, c'est une violation de la Charte, c'est un coup d'état. Concédons tout cela ; mais ne convient on pas aujourd'hui, que, depuis quinze ans, on conspirait contre la restauration? Peut on faire un crime à celui qui est attaqué, quand il se trouve dans un péril imminent, de faire une tentative, blessa t elle la loi, pour opérer son salut? Ceux dont nous parlons sont trop sincères pour ne pas convenir de cette vérité · et, quand ils ont proclamé leur conspiration pendant quinze ans, ils ont du moins le mérite de la franchise.

Pour ce qui est sorti des changemens opérés, nous avons

prouvé qu'en définitive, il se réduisait à cela, que le pouvoir administratif, qui devoit résider dans la main du Roi, est indirectement passé en grande partie du moins dans la chambre élective. Cela vaut il mieux ? Pour le décider, attendons la leçon de l'expérience · elle sera sévère.

Au moins, pour les aspirans à se classer il devait être indifférent que ce fût la chambre qui administrât avec le monarque, ou que ce fût le monarque seul, surtout si ces aspirans n'avaient pas l'espoir d'être protégés par quelques députés influens auxquels le ministère ne peut rien refuser. (1)

Ainsi quand on regarde au fond des choses, le prétexte et l'apparence disparaissent pour laisser apercevoir la vérité.

On ne connait que deux moyens en France pour repousser un argument un peu tranchant, c'est de nier l'existence d'une vérité, quoiqu'elle soit palpable, ou de tourner en ridicule le raisonnement qui l'a établie. Cependant nous pouvons soutenir ce qui forme notre thèse par les exemples tirés des révolutions récentes que nous avons éprouvées, et même nous l'avons fait en indiquant de quelle manière Napoléon a pu asseoir sa puissance et sa popularité. On ne manquera pas de nier les conséquences que nous avons déduites. Quant aux faits, par leur existence matérielle, ils ne peuvent être contestés. Eh bien ? recréons de nouveau ces faits, par une supposition qui ne sera

---

(1) Nos députés ne reçoivent aucun traitement, cela est vrai, mais ils exercent le népotisme, ou ils protegent leurs amis et les propagantistes de leur popularité, ce qui est bien quelque chose. Veulent ils faire croire à leur désintéressement ? qu'ils portent une loi qui dise qu'aucun député ne sera jamais ministre, et n'occupera dans l'Etat aucun emploi lucratif; qu'il ne pourra, sous peine d'être marqué d'infamie, solliciter aucune faveur pour lui, pour ses parens et pour qui que ce soit; les nominations de députés seront alors moins courues. On aime la possession du pouvoir : elle flatte l'orgueil ; mais le plus grand nombre aspire aux avantages très matériels qu'elle procure.

qu'un jeu de l'imagination, et le raisonnement prouvera si les mêmes conséquences n'en sortiront pas.

Supposons :

Que Henri V débarque en France, qu'il y plante sa bannière sur laquelle on lirait *Liberté*. La liberté est impérissable dans notre pays, parce qu'elle intéresse le bonheur individuel et la vanité de tous les hommes.

Qu'il proclame :

Qu'il ne doit rien à la révolution, rien à l'empire, rien à la restauration.

Que la révolution n'est pour lui qu'un souvenir historique.

Qu'il n'a été offensé par personne ; qu'il n'a aussi offensé personne,

Qu'il exécutera fidèlement la Charte de 1814. Elle contient suffisamment de liberté : on en est convenu pendant quinze ans.

Le droit divin n'est qu'un mot : les honnêtes gens ne se battent pas pour un mot qui ne devrait pas avoir d'influence et qui est vide de définition,

Qu'il déclare que, roi légitime, il ne veut pas établir une troisième restauration, mais qu'il fonde une légitimité nouvelle sous l'ère de la liberté (1), qu'il apporte en dot à la France, une longue paix, le bonheur et la prospérité.

Que, de ces premières données, il en vienne à raisonner comme le ferait un Bonaparte en pareille circonstance ; qu'il

---

(1) Ce ne sont que des mots, nous dira-t-on. Qu'a-t-on fait autre chose depuis quarante ans ? Que veut dire aujourd'hui l'ordre légal ? Entend-on l'administration de l'Etat dirigée suivant les lois existantes ? La belle nouveauté ! Est-ce que sous nos deux derniers rois, l'Etat n'était pas gouverné par les lois ? Le roi, la légitimité étaient des lois fondamentales ; on les a détruites par l'effet d'une conspiration avouée, par l'insurrection et le massacre ; ces moyens sont-ils légaux ? On a établi un nouvel ordre de choses par des lois nouvelles. Cela compose une nouvelle *légalité*. Si demain une insurrection la renversait, ce qui naîtrait de cet autre conflit, composerait encore une *légalité*.

déclare que l'antique noblesse conférée par nos rois, comme la nouvelle confirmée par la restauration, avaient pour première condition d'existence, de défendre les trônes d'où elles émanaient, que la source tarie, le ruisseau s'est désséché dans son lit.

Qu'il en est de même des croix, des honneurs, des dignités, des places et charges dans les ordres administratif et judiciaire et dans l'armée, on peut aller jusqu'aux pensions.

Quand on enterrait un de nos monarques, les hérauts d'armes et les officiers de sa maison jetaient dans le caveau tous les attributs de leurs fonctions, pour faire entendre qu'une royauté nouvelle commençait, qui n'était engagée en rien à l'égard de la royauté défunte.

C'est ainsi que raisonnaient, après les journées de juillet, ceux qui les ont faites, et ils n'avaient pas tort. Les ministres de Louis Philippe se sont comportés non comme devaient le faire les agens d'une royauté nouvelle, mais comme ceux d'un roi succédant par une abdication. Leur erreur est évidente ils ont pris Louis Philippe pour Henri V.

Le nouveau débarqué pourrait ajouter encore que tous les nobles conserveraient leurs titres, que tous les titulaires garderaient leurs dignités; les pourvus leurs places, leurs charges, les décorés leurs croix, les retraités leurs pensions, s'ils prouvent qu'ils ont activement agi pour le souverain, au moment où il les somme de concourir à son rétablissement; que du reste toutes les dignités, les places, les croix, la noblesse etc.,

Obscurs doctrinaires, vous aurez beau lancer dans la circulation des mots absurdes, vous ne ferez pas que ce qui est mal en politique, soit bon; que ce qui est un crime en morale, soit regardée comme une vertu, que le malaise général apparaisse comme le bonheur, et la misère comme la prosperité.

Si l'insurrection de Lyon eut changé la forme du gouvernement actuel, cette ville eut eu ses glorieuses journées, ses adulateurs, ses héros, ses pensionnés, ses décorés. Cette vérité est poignante sans doute, mais qu'y faire? L'ordre actuel se ressentira long temps du désordre d'où il est sorti.

appartiendront à tous ceux, qui les premiers se prononceront et agiront en faveur de cette légitimité, que ce sera sur l'importance du service rendu, que sera mesurée la récompense. En se reportant aux calculs que nous avons faits pour Bonaparte, on verra que ce nouveau venu aura deux cent mille bienfaits à distribuer, sous ce rapport, il ressemblerait parfaitement à la déesse de la fortune. Si, au nom d'Henri V, on défendait à tous les contribuables, à tous les débiteurs de l'État, de verser aucune somme sous peine d'être condamnés à une amende triple de ce qu'ils auraient payé.. le cœur à l'instant cesse de battre, la circulation s'arrête, et l'individu meurt ! Le crédit......! on ne prête pas aux morts.

Si ce roman était mis en action, ne comprend on pas de suite combien d'ambitieux, de déclassés accourraient ! S'ils rencontraient des dangers, ils les affronteraient avec d'autant plus de courage et de joie, que ces dangers deviendraient pour eux des moyens subits d'avancement. Pourquoi certains décorés de juillet ne seraient ils pas du nombre de ces aspirans? Ils n'auraient pas même à supprimer leur décoration · le cordon n'en est il pas de la couleur de celui de l'ordre du Saint Esprit?

Que maintenant on déplace la question et que, sans discuter combien d'individus en France répondraient à cet appel, on dise · Le fait en soi est impossible, il est inutile d'en examiner les conséquences. Nous sommes parfaitement de cet avis, aussi avons nous annoncé que ce n'est qu'une supposition qui ne se réalisera jamais, puisque, en premier lieu, il ne se trouvera certainement pas, parmi tous les individus qui ont entouré et qui entourent les princes déchus, une seule tête capable d'adopter cette pensée, et d'en envisager, sans frissonner, l'exécution seulement en imagination. Comment l'oseraient ils, ces hommes qui pendant quinze ans ont professé que la restauration était et devait être ingrate ? Bonaparte, qu'on a représenté comme implacable dans ses ressentimens, a cependant souvent pardonné, mais il eût regardé comme une injure qu'il ne pouvait jamais remettre si on l'eût accusé d'ingratitude et qu'on eût dit qu'un seul service à lui rendu personnellement, était resté sans récompense. Aussi ce n'eût pas été avec les barricades de juillet qu'on l'eût renversé. Dans cette supposition que nous avons établie, toujours en en suivant les déductions, nous ne tombons pourtant dans un inconvénient semblable à celui que nous avons signalé quand tous ces déclassés se trouveraient ainsi placés, ne s'en formera-t-il pas bientôt une autre masse qui ne présentera avec la première qu'une différence dans les individus qui la composeront. Cela est incontestable, mais c'est ici que nous pensons qu'il faut placer l'idée d'une institution fondamentale dont nous avons parlé. Essayons de nous faire comprendre.

Les esprits moroses ne croient pas que des idées morales puissent désormais s'impatroniser dans les têtes françaises. Ils désespèrent de notre retour même à la raison. En considérant avec quelle facilité nous avons accepté tous les gouvernemens qui nous ont été donnés, toutes les dominations qui nous ont été imposées, que trois jours d'une insurrection dans une des villes de France, excitée par une conspiration réelle, mais sans but arrêté, ont suffi pour submerger l'état, renverser une antique dynastie, et en créer une nouvelle fondée sur des théories qui n'ont été éprouvées par aucune mise en pratique, avec quelle légèreté on a prêté des sermens, on les a violés, pour en prêter de nouveaux qui n'engagent pas plus que les premiers ils décident que nous sommes le peuple le plus futile, le plus inconstant, le plus insouciant qui soit en Europe. Osons soutenir que rien de tout cela n'est vrai. Ce qui est exact seulement, c'est qu'aucun de ceux qui ont gouverné la France n'ont connu l'effet qu'a produit la première révolution, n'ont apprécié notre véritable caractère, n'ont compris que nous sommes toujours sensibles à l'honneur.

Rien n'est perdu chez un peuple où l'on trouve ce puissant véhicule.

Bonaparte a montré la gloire aux Français et tous ils ont tourné, attirés qu'ils étaient par l'attraction de cet astre lumineux, mais ce sentiment n'a pu nous dominer que tant que la victoire est restée fidèle à nos drapeaux.

Sous la restauration, à ces idées toujours brillantes et qui portent aux plus belles actions, il fallait substituer l'honneur, non comme un mot abstrait, ou comme le définit Montesquieu, quand il dit qu'il est le mobile des monarchies, mais comme un sentiment, comme une émulation entre les classes, les familles et les particuliers.

Sous l'empire et depuis, jusqu'aujourd'hui, nous avons vu en France une noblesse mixte, toute de nom, ne donnant ni privilége ni considération, qui n'imposait non plus ni charges ni devoirs. Ceux qui, après avoir mutilé la chambre des pairs, l'ont achevée en lui ôtant l'hérédité, ont du moins eu raison quand ils ont dit qu'il n'y avait aucune aristocratie en France, ni en dedans, ni en dehors de cette chambre.

Quand cette noblesse n'était réellement rien, l'argent était tout. Il fallait avoir de l'argent pour être quelque chose dans l'état, et comme l'argent est vil, que, pour l'obtenir, il ne faut employer que des moyens vils, les idées généreuses se sont éteintes, ou seulement elles ont cessé d'être honorées et mises en pratique. L'honneur, comme sentiment est resté un mot dans notre dictionnaire, ou une idée qui n'était que l'une des rêveries de nos ancêtres, parce que nous ne pouvions plus y rien comprendre. De là cette dégradation où est tombée l'antique noblesse, ces parjures si fréquens, ces odieux abandons de ses noms et de ses titres, cette abnégation de ses ancêtres, pour obtenir une passagère popularité, et le prix qu'on sollicitait prouve qu'il n'y avait rien de désintéressé dans les sacrifices que paraissait faire la vanité.

Qu'en France, l'honneur soit au dessus de l'argent, c'est le problème à résoudre pour y enraciner un gouvernement.

Répondre que cela est impossible aujourd'hui, parce que la nation est éclairée et qu'elle n'a que des idées positives, ce n'est pas présenter un argument, c'est seulement reproduire les phrases de certains journaux.

Dans la vérité, la nation française, considérée dans son ensemble, n'est point corrompue, et c'est un des phénomènes les plus étonnans, que le fond de sa morale publique se soit conservée après quarante ans de révolution, de licence de déraison, de folie. On remarque même cette amélioration que le petit peuple a beaucoup gagné sur le rapport de la tempérance. Il est à cet égard au dessus des autres peuples de l'Europe.

La religion, quoi qu'on ait fait, s'est conservée pure au milieu du dévergondage qui paraissait devoir tout envahir, et malgré les attaques multipliées du protestantisme toujours plus protégé que le catholicisme. Il n'y a plus de ferveur hypocrite, de brûlant fanatisme, mais une croyance de conviction qu'on garde dans le silence. Combien de ceux qui ont accepté les dogmes du matérialisme, comme une autre liberté qui les émancipait de tous les devoirs, les ont repoussés quand ils ont vu que cette liberté ne produisait rien et privait l'individu de la source du seul bonheur réel dont il pût jouir sur la terre de l'espérance.

Le peuple français est sensible, donc on peut établir chez lui les institutions les plus nobles et les plus généreuses. On parviendrait à mettre à la mode en France jusqu'au rigorisme de la vertu.

Pourtant il faut convenir qu'il existe un grand relâchement dans nos mœurs (1), cela tient à ce qu'on a détruit les seuls moyens d'en conserver la pureté, la puissance paternelle, la puissance maritale et la force d'influence que chaque famille doit exercer sur ses membres. Puisqu'on a rendu les femmes en tout

---

(1) Le relâchement dans nos mœurs n'est pas la corruption, il y conduit seulement, ainsi, nous ne sommes pas en contradiction avec nous mêmes

égales aux hommes, il fallait leur donner une place dans l'ordre politique, autant que la nature le permet. Nos modernes législateurs sont de grands hommes sans doute, mais ils ont oublié qu'aucun des anciens législateurs n'a compté les femmes pour rien. Les femmes libres, affranchies sont, dans l'ordre social et dans des circonstances données, plus grandes que bien des hommes.

On ne peut pas rétablir en France une noblesse féodale, même une noblesse avec des priviléges. On le pourrait que ce serait un mal.

On veut y constituer une égalité dont l'effet soit que tous les individus de leurs pieds touchent la terre, et dont les têtes restent courbées sous le même niveau. Cela est plus impossible encore. Dieu, en créant le monde, a créé l'inégalité. Veut on refaire l'ouvrage de Dieu? Calculer une institution dans laquelle tous puissent prendre des places différentes, en raison de leur capacité et de l'acquit de leur éducation, mais de laquelle il résulte aussi que tous puissent tenir quelque chose de leur naissance, qu'ils aient intérêt de garder, la raison dit que c'est la base la plus solide d'une bonne civilisation.

Il n'y a personne qui ne comprenne aussi que le mobile de ce mécanisme peut être l'honneur, mais cet honneur défini en ce sens qu'il est la *considération obtenue*.

Pourquoi fait on de si grands efforts pour gagner de l'argent? c'est que c'est lui seul aujourd'hui qui donne de la considération. Faites qu'on en obtienne, quoiqu'on ne possède pas de richesses, et l'or sera réduit à sa véritable valeur.

Créez une noblesse dans laquelle ceux qui en sont pourvus aujourd'hui prennent leur rang s'ils le méritent.

Ne lui donnez aucun privilége, mais imposez lui des charges et des devoirs d'autant plus étroits que les rangs en seront plus élevés.

Que cette noblesse soit héréditaire sans cette hérédité, tout individu est isolé de sa famille L'état se compose d'abord des fa milles Ce n'est qu'en second ordre qu'il se compose des individus.

Que cette noblesse puisse s'acquérir par la bonne conduite et les belles actions, jamais à prix d'argent.

Que ceux qui l'ont, la perdent, pour eux et leurs descendans en ligne directe, s'ils se rendent coupables de félonie, ou d'un délit quelconque qui amène une condamnation ou seulement par une action déclarée indélicate au jugement de leurs pairs C'est recréer la censure qui existait à Rome, en en supprimant ce qu'elle avait d'arbitraire.

Que cette noblesse, dans ses rangs multipliés et hiérarchiques, comprenne toute la France honnête, laborieuse et probe, que tous les Français aient une part dans les institutions politiques. On a droit d'arriver à tout aujourd'hui, nous dit on, mais il y a tant d'aspirans, que ce droit n'est guère qu'une illusion. quand chacun veut l'appliquer pour régler sa conduite, il ne trouve plus de chemin, il voit le ciel, il est vrai, mais comme l'aperçoit celui qui est au fond d'un puits. Il en est tout autrement quand déjà l'on est entré dans la carrière. le but est là, beaucoup de gens en sont plus près que les derniers arrivés, mais ceux-ci distinguent clairement la route qu'ils ont à suivre.

L'intrigue aujourd'hui produit de subites élévations. C'est l'intrigue qu'il faut anéantir, elle trouble toujours la surface de l'eau en faisant monter la boue du fond.

La Charte, dans cette institution, trouve tous ses élémens d'exécution et ce ne sont plus quelques cent mille ou deux cent mille personnes seulement en France qui y sont quelque chose, ce sont tous les honnêtes gens, fussent ils au nombre de six millions.

Mais quelle est enfin cette institution ?

Nous l'avons dit : il y a des vérités utiles qu'il ne faut produire que quand le moment favorable est arrivé.

Nous nous arrêtons donc, et nous posons la plume.

www.ingramcontent.com/pod-product-compliance
Lightning Source LLC
LaVergne TN
LVHW021005090426
835512LV00009B/2088